W0402767

(Keine) Zeit für Soziale Arbeit?

Eine Auseinandersetzung von
Michael Görtler

Deutscher Verein
für öffentliche und
private Fürsorge e.V.

LAMBERTUS

Soziale Arbeit kontrovers (SAk) 30

Verlag des Deutschen Vereins
für öffentliche und private Fürsorge e.V.
Michaelkirchstraße 17/18, 10179 Berlin
www.deutscher-verein.de

Auslieferung über den Lambertus-Verlag:
www.lambertus.de

Druck:
PIEREG Druckcenter Berlin GmbH

Printed in Germany 2023
ISBN 978-3-7841-3603-5
ISBN E-Book 978-3-7841-3604-2

Gefördert vom:

Bundesministerium
für Familie, Senioren, Frauen
und Jugend

Die Reihe „Soziale Arbeit kontrovers“

Der Deutsche Verein für öffentliche und private Fürsorge e.V. und der Lambertus Verlag möchten mit dieser Schriftenreihe aktuelle Fragen der sozialen Arbeit aufgreifen und in knapper, handlicher Form Orientierungshilfen zur Verfügung stellen. Ausgehend von einer provokanten oder rhetorischen Fragestellung sollen vermeintliche Gewissheiten, Selbstverständlichkeiten oder Verallgemeinerungen kritisch überprüft werden. Ziel dieser Schriftenreihe soll es nicht sein, einfache Lösungen zu präsentieren, sondern die Komplexität der Themen vor dem Hintergrund der Entstehungs- und Rahmenbedingungen und der jeweiligen Einflussfaktoren darzustellen.

Die Herausgeber haben ein Format gewählt, das der Lesbarkeit und Übersichtlichkeit einen hohen Rang einräumt: Renommierte Autorinnen und Autoren legen ihre Forschungsergebnisse und Schlussfolgerungen knapp und ohne umfangreichen wissenschaftlichen Apparat dar. Dem Charakter der Reihe entspricht es, dass die unterbreiteten Ideen und Vorschläge nicht immer mit den Positionen der Herausgeber übereinstimmen. Unter www.deutscher-verein.de und www.caritas.de finden Sie jeweils die aktuellen sozialpolitischen Positionierungen des Deutschen Vereins und des Deutschen Caritasverbands (Gesellschafter des Lambertus-Verlags).

Wir hoffen, mit dieser Schriftenreihe den fachlichen Diskurs zu fördern, und freuen uns auf Rückmeldungen der Leserschaft.

Michael Löher

Vorstand des Deutschen Vereins für öffentliche und private Fürsorge e.V.

Petra Itschert

Geschäftsführung des Lambertus-Verlags

Inhalt

1. Hinführung

Fachkräfte der Sozialen Arbeit berichten in unterschiedlichen Kontexten von zeitlichen Herausforderungen in der Praxis, wie etwa Zeitknappheit und Zeitdruck, die sie bewältigen müssen. Typische Beispiele dafür sind zu wenig Zeit für die Beziehungsarbeit mit Kindern und Jugendlichen aufgrund zu vieler Aufgaben oder eines zu hohen Dokumentationsaufwands, aber auch Fehler infolge der permanenten Hektik. Im Kontrast dazu erzählen die Fachkräfte, dass Soziale Arbeit eigentlich Zeit braucht, beispielsweise für Interventionen, Bildung oder Beratung.

Dass in sozialen (Dienstleistungs-)Berufen Zeitdruck herrscht, belegen Studien zu den Arbeitsbedingungen in verschiedenen Branchen. So ergibt sich aus einer Studie des Robert-Koch-Instituts, für die knapp 13.700 erwerbstätige Frauen und Männer von 18 bis 64 Jahren zu ihren Arbeitsbelastungen befragt wurden: „Die häufigste Einzel-Belastung ist das Arbeiten unter Zeit- und Leistungsdruck. 36 Prozent der Frauen und 44 Prozent der Männer sagen, dass sie im Job häufig unter Zeitnot und Leistungszwang leiden" (Kroll et al. 2011, 1). Dieser Zeitdruck scheint einerseits durch eine generelle Knappheit der Zeit in der ökonomisierten Gesellschaft (ganz nach dem Motto: „Zeit ist Geld"), in der Zeit als Ressource gilt, die effizient und effektiv zu nutzen ist (Stichwort: Selbstoptimierung), und andererseits durch eine Beschleunigung der Gesellschaft (ganz nach dem Motto: „höher, schneller, weiter"), die dazu führt, dass sich die ohnehin schon limitierten zeitlichen Ressourcen noch weiter verknappen, bedingt zu sein (vgl. Rosa 2020). Die Soziale Arbeit jedenfalls kann sich diesen Entwicklungen wegen ihrer gesellschaftlichen Einbettung nicht entziehen, sodass die Fachkräfte in der Praxis mit Zeitknappheit und Zeitdruck konfrontiert werden. Ein Beispiel dafür ist das Bereitstellen von sozialen Dienstleistungen, wobei die Fachkräfte zwischen ökonomischen

Ansprüchen (z.B. des Kostenträgers und Leistungserbringers) und sozialen Ansprüchen (z.B. der Klient/innen als Leistungsempfänger/innen) changieren müssen.

Vor diesem Hintergrund werden in dieser Ausgabe der Reihe Soziale Arbeit kontrovers zeitliche Herausforderungen in der Praxis der Sozialen Arbeit und Möglichkeiten des Umgangs damit erörtert. Dabei sollen sowohl die allgemeinen Grundlagen dieser Problemstellung als auch ihre konkreten Erscheinungsformen im Berufsalltag beleuchtet werden. Dafür wird der Blickwinkel auf die (negativen) Zeiterfahrungen der Fachkräfte der Sozialen Arbeit in der Praxis gerichtet, um Gedanken, Gefühle sowie typische Praxissituationen zu beschreiben und damit den Zeitdruck im Berufsalltag sowie seine Ursachen und Folgen sichtbar(er) zu machen.

Zugrunde liegt die These, dass in der Sozialen Arbeit Zeitdruck herrscht, der gesellschaftlich bedingt ist, also aus einer Ökonomisierung und Beschleunigung der Arbeitswelt und damit auch der Sozialen Arbeit resultiert – und nicht aus einem defizitären Umgang der Fachkräfte mit Zeit. Es soll damit aber weder behauptet werden, dass in der Sozialen Arbeit immer und überall Zeitdruck herrscht, noch, dass die Fachkräfte immer und überall kompetent mit ihrer Zeit umgehen. Zweifelsohne gibt es Situationen, in denen die Zeit nicht knapp bemessen ist und in denen die Fachkräfte mit ihrer Zeit nicht sinnvoll umgehen, was die hier genannten empirischen Untersuchungen auch bestätigen. Der Fokus dieser Reflexion ist aber auf die zeitlichen Herausforderungen in der Praxis der Sozialen Arbeit gerichtet, die sich aus den Rahmenbedingungen ergeben, die von den Fachkräften selbst nur indirekt, d.h. durch politisches Handeln, beeinflusst werden können.

Aus den genannten Gründen geht es also nicht um die Frage, ob und wie Fachkräfte durch Zeitmanagement gut, besser oder optimal mit ihrer Zeit umgehen können, indem Zeitknappheit und Zeitdruck quasi effizient und effektiv verwaltet werden durch Handlungsstrategien, die sprichwörtlich „Zeit zu gewinnen“ oder „Zeit zu sparen“ versprechen (z.B. Multitasking), ohne dass sich dadurch am Gesamtzustand etwas ändern könnte – dafür sei an dieser Stelle auf die große Auswahl an Zeitmanagement-Ratgebern für die berufliche Praxis verwiesen. Im Kontrast dazu soll es um ein alternatives Verständnis eines kompetenten Umgangs mit Zeit gehen, in dem Zeit nicht nur als ökonomische, sondern auch als soziale Ressource betrachtet wird.

Die eben skizzierte Problemstellung soll in mehreren Schritten aus theoretischer und empirischer Perspektive diskutiert werden. Erstens soll anhand erziehungs- und sozialwissenschaftlicher Ansätze dargelegt werden, warum Soziale Arbeit Zeit braucht. Zweitens soll mittels empirischer Untersuchungen dargestellt werden, dass Zeitdruck und Zeitknappheit im Berufsalltag der Fachkräfte der Sozialen Arbeit keine Ausnahmefälle zu sein scheinen. Drittens soll der Umgang mit Zeit in der Praxis angesichts dieser Phänomene ins Auge gefasst werden. Dafür werden einerseits der Begriff der Zeitkompetenz und andererseits das Konzept der Zeitpolitik im Kontext der Sozialen Arbeit erläutert, um Möglichkeiten des zeitpolitischen Handelns zur Gestaltung der Rahmenbedingungen aufzuzeigen.

2. Soziale Arbeit und Zeit: Theoretische Perspektiven

In diesem Kapitel geht es um die Bedeutung von Zeit für die Soziale Arbeit in der Praxis. Diese soll anhand theoretischer Perspektiven veranschaulicht werden, um ein Fundament für die Reflexion zeitlicher Herausforderungen der Fachkräfte im Berufsalltag zu legen.

2.1 Zeit

Zeit ist ein Wort, das im alltäglichen Sprachgebrauch oft verwendet wird. Nicht selten wird ihr dann besondere Aufmerksamkeit zuteil, wenn es zu zeitlich bedingten Problemen kommt, beispielsweise infolge von Zeitknappheit oder Zeitdruck.

Die Geistes- und Naturwissenschaften, wie etwa die Biologie, Geschichte, Philosophie oder Physik, machen schon seit Langem auf das Vorhandensein verschiedener Dimensionen der Zeit, welche das Denken und Handeln der Menschen strukturieren, aufmerksam (vgl. Lenz 2005). Dabei ist Zeit zwar auf den ersten Blick jedem Menschen ein Begriff, auf den zweiten Blick offenbart sich aber die Komplexität dieses Phänomens. Ein Beispiel dafür ist das bekannte Zitat von Augustinus: „Was also ist die Zeit? Wenn niemand mich danach fragt, weiß ich's, will ich's aber einem Fragenden erklären, weiß ich's nicht." So ist Zeit Bestandteil vieler Redewendungen: Sie fließt, läuft oder rast, vergeht nicht, bleibt stehen oder steht still. Tatsächlich scheint die Zeit in manchen Situationen wie im Flug zu vergehen; andere Situationen dagegen scheinen eine Ewigkeit zu dauern. Zeit ist also nicht gleich Zeit – diese Erkenntnis kann an dieser Stelle festgehalten werden.

Der Mensch kann Zeit wahrnehmen, obwohl er keinen „Zeitsinn" besitzt. Wie die Psychologie erklärt, beeinflusst die zeitliche Wahrnehmung das Handeln der Menschen (vgl. Morgenroth 2008). In diesem Kontext ist das Konzept des Zeitbewusstseins von besonderem Interesse. Hier unterscheidet Morgenroth vier Dimensionen: „Zeitperspektive", „Zeiterleben", „Zeitbegriffe" und „Umgang mit Zeit" (ebd., 29–79). Dabei bezieht sich die Zeitperspektive auf das Denken (z.B. die Orientierung in Vergangenheit, Gegenwart und Zukunft), das Zeiterleben auf das Fühlen (z.B. Zeiterfahrungen wie Langeweile oder Stress), die Zeitbegriffe auf die Vorstellungen von Zeit (z.B. innere Uhr) und der Umgang mit Zeit auf das Handeln (z.B. die zeitliche Organisation des Alltags). So wird Zeit über Bewegung wahrgenommen, ausgedrückt in Begriffen, wie etwa Dauer (z.B. lang, kurz), Geschwindigkeit (z.B. schnell, langsam, beschleunigt), Modalität (z.B. vergangen, gegenwärtig, zukünftig), Linearität (z.B. linienförmig, einmalig) oder Zyklizität (z.B. kreisläufig, sich wiederholend). Daneben gibt es noch zahlreiche andere Zeitbegriffe, die aus unterschiedlichen Disziplinen stammen, wie etwa der Gegensatz von natürlicher Zeit (z.B. Jahreszeiten, Tag und Nacht) und künstlicher bzw. mechanischer Zeit (z.B. Uhr, Sommer- und Winterzeit). So prägte der Philosoph Henri Bergson (vgl. 2015) die wichtige Unterscheidung von subjektiver (im Französischen: durée) und objektiver Zeit (temps), auf die auch Albert Einstein in der Relativitätstheorie einging („Zeit ist relativ"). Die subjektive Zeit basiert demnach auf der persönlichen Zeitwahrnehmung, die von Mensch zu Mensch unterschiedlich ausfällt. Die objektive Zeit spiegelt sich dagegen im Zeitdiktat durch Uhr und Kalender wider, die für alle Menschen gleichermaßen gültig sind.

Die Pädagogik befasst sich mit der Bedeutung von Zeit für Bildung, Erziehung und Lernen (z.B. Bildungszeit, Erziehungszeit, Lernzeit). Sowohl in den Werken klassischer Autoren als auch in aktuellen Sammelbänden wird Zeit als relevanter Faktor diskutiert (vgl. Schmidt-Lauff 2012; Schönbächler et al. 2010). Eine Systematisierung der zeittheoretischen Ansätze – die Entwicklung einer Zeittheorie für die Pädagogik mit eingeschlossen – gilt dabei als Desiderat. Aus einem Blickwinkel der pädagogischen Zeitforschung heraus wird Zeit als knappes Gut betrachtet, weil die Lebenszeit des Menschen und damit auch die Zeit, die für pädagogisches Handeln zur Verfügung steht, begrenzt ist (vgl. Haan 1996). Die Differenz zwischen der potenziellen und der tatsächlich zur Verfügung stehenden Zeit wirft pädagogisch relevante Fragen auf, beispielsweise hinsichtlich des Umgangs mit Zeit zwischen Chronos (die Zeit, die beim pädagogischen Handeln fließt bzw. verrinnt) und Kairos (der gute bzw. richtige Zeitpunkt für pädagogisches Handeln). Ein anderes Beispiel ist das Spannungsfeld von zeitlicher Autonomie und Heteronomie (z.B. das Zeitregime von pädagogischen Institutionen), das in Bezug auf die Begründung einer zeitlichen Fremdbestimmung bzw. zeitlichen Selbst- oder Mitbestimmung von Kindern und Jugendlichen (vgl. Zeiher/Schroeder 2008; Mollenhauer 1981), beispielsweise in Bildungsprozessen im Kontext der Kinder- und Jugendhilfe (z.B. außerschulische Jugendbildung), in den Blick gerät.

Die Soziologie befasst sich mit der Bedeutung von Zeit für Mensch und Gesellschaft (vgl. Nassehi 2008), z.B. als soziale Zeit. Dabei wird die Zeit als soziale Konstruktion betrachtet, mittels derer sich Mensch und Gesellschaft in Beziehung setzen, beispielsweise in Form der Synchronisation der Zeiten (vgl. Bergmann 1983). Als soziale Institution übt die Zeit eine Art von normiertem Zwang aus, der im Verlauf der Sozialisation internalisiert wird (vgl. Elias 1988) – dieses sog. Diktat der Zeit verlangt den Menschen zeitliche Disziplin ab (z.B. Pünktlichkeit). Das Konzept der „Eigenzeit" (Nowotny 1989) betont die individuelle Zeitlichkeit des Menschen in Abgrenzung zur Zeit anderer Menschen (z.B. Fremdzeit) und der Gesellschaft (z.B. Sozialzeit). Reckwitz (2020, 986) spricht im Kontext soziologischer Zeitforschung von drei Modellen: Erstens das „objektivistische" Verständnis: „Zeit erscheint hier wie eine neutrale Rahmenbedingung allen Geschehens. Alles Soziale findet dann in der Zeit statt, es läuft ab vor dem Hintergrund einer messbaren Zeit von Tagen, Monaten, Jahren, Jahrzehnten"; zweitens das „subjektivistische" Verständnis: „Gesellschaften unterscheiden sich dann voneinander in ihrem Zeitverständnis, in ihren Vorstellungen einer Linearität oder Zyklik der Geschichte etwa oder in ihren kulturellen Modellen von Biografie und Lebenslauf"; drittens das „praxeologisch-prozesshafte" Verständnis: „Soziale Praxis selbst ist jeweils in ihrer Prozesshaftigkeit zeitlich strukturiert. Soziale Praktiken enthalten jeweils ihre spezifische zeitliche Rhythmik, sie ‚verzeitlichen' auf ihre Weise und bilden soziale ‚Zeitregime'." Vor diesem Hintergrund wird Zeit einerseits durch das Handeln der Menschen institutionalisiert, andererseits strukturiert Zeit als Institution das Handeln der Menschen – und kann folglich „als konstruktive Größe, d.h. als Gestaltete wie auch Gestaltende" gedacht werden (Schmidt-Lauff 2012, 13).

In der Sozialen Arbeit selbst ist die Untersuchung der Bedeutung von Zeit ein Desiderat: Zeit wird in einigen wenigen einschlägigen Einführungs-, Hand- und Lehrbüchern sowie Nachschlagewerken genannt, mitunter in Verbindung mit anderen Begriffen (z.B. Zeitpolitik, Familienzeit, Care-Zeit; vgl. Mackroth 2022; Klünder 2021; Müller-Wichmann 2017), und in einzelnen Theorien der Sozialen Arbeit in Beziehung zu anderen Begriffen, wie etwa Zeiterfahrung oder Zeitperspektive, gesetzt. So ist „Zeit" neben „Raum" und „Beziehung" auch eine Kategorie in der Theoriebildung der Sozialen Arbeit (z.B. im Kontext der Lebensweltorientierung bei Hans Thiersch oder der Systemtheorie bei Silvia Staub-Bernasconi sowie bei Wilfried Hosemann und Wolfgang Geiling; vgl. Lambers 2020). In der Gesamtschau erscheint das Begriffsfeld der Zeit im Vergleich zu anderen Begriffsfeldern in der Sozialen Arbeit, insbesondere dem (Sozial-)Raum als einer verwandten Kategorie, aber unterbelichtet. So wird Zeit in der Regel als organisatorische Rahmenbedingung, welche die Interaktion zwischen Fachkraft und Adressat/in strukturiert, verhandelt, aber nicht als ermöglichender Faktor von Hilfeprozessen (z.B. Bildung, Beratung).

Resümierend fallen die theoretischen Perspektiven der Zeitforschung so vielschichtig aus wie der Zeitbegriff selbst (vgl. Gendolla/Schulte 2012). Dabei offenbart sich Zeit als komplexer, sowohl abstrakter (z.B. in der Wissenschaft) als auch konkreter Begriff (z.B. in der Praxis). Aufgrund der gebotenen Kürze sollen die Diskurse über Zeit an dieser Stelle aber nicht weiter vertieft werden.

2.2 Zeit als knappe Ressource der Sozialen Arbeit

Im Folgenden soll Zeit aus einem bestimmten Blickwinkel heraus betrachtet werden, nämlich als knappe Ressource der Sozialen Arbeit, insbesondere des beruflichen Handelns in der Praxis.

Aus einer *zeitökologischen Perspektive*, die im „Tutzinger Projekt der Ökologie der Zeit" (Held/Geißler 1993) entwickelt wurde, lässt sich das berufliche Handeln der Fachkräfte als Prozess beschreiben, der – wie jeder andere Prozess auch (z.B. soziale Interaktionen, wie sie für die Soziale Arbeit typisch sind) – Zeit braucht, um vom Anfang bis zum Ende vollzogen werden zu können. Dabei kann der Prozess als Ganzes gedanklich in einzelne aufeinanderfolgende Schritte, Stufen oder Phasen, die durchlaufen werden müssen, gegliedert werden. Dieser Prozess kann nicht ins Unendliche beschleunigt werden, weil er sonst Gefahr läuft, durch Störungen oder Unterbrechungen, welche den Abschluss der einzelnen Schritte, Stufen oder Phasen verzögern oder verhindern, zum Erliegen zu kommen. Somit kann die Zeit, die ein solcher Prozess idealtypisch braucht, um vom Anfang bis zum

Ende vollzogen zu werden, als Maßstab gelten, um die zeitlichen Rahmenbedingungen dafür zu gestalten.

Anschlussfähig ist in diesem Zusammenhang die Unterscheidung von Reheis (2012, 221), welcher das Begriffspaar „Systemzeit“ und „Eigenzeit“ wie folgt definiert: „Systemzeiten sind die idealtypisch inhärenten Zeiten eines einzelnen isoliert gedachten Systems (z.B. Austauschstoffe des Kohlenstoffs, Stickstoffs, Wasser, der Photosynthese oder die Atmung, Wach-/Schlafrhythmus, die Informationsverarbeitung)“ und „Eigenzeiten sind die realen Zeiten eines mit anderen in Wechselwirkungen stehenden Systems. Systeme sind in zeitlicher Hinsicht durch Bandbreiten charakterisiert sowie durch die Fähigkeit, sich selbst immer wieder ins Gleichgewicht zu bringen.“ System- und Eigenzeit haben seiner Ansicht nach jeweils eine lineare und eine zyklische Dimension: Die Linearität im Sinne eines Voranschreitens, einer Veränderung, eines Wandels, die Zyklizität im Sinne eines Kreislaufs, einer Wiederholung, einer Wiederkehr des Ähnlichen. Im Umgang mit diesen Zeiten geht er von drei Ebenen aus: dem Umgang des Menschen mit seiner eigenen Zeitlichkeit, dem Umgang des Menschen mit der Zeitlichkeit seiner Mitwelt und dem Umgang des Menschen mit der Zeitlichkeit der Umwelt. Diese persönlichen, sozialen und ökologischen „Zeitmaße“ (ebd.), vor allem die Eigenzeiten des Menschen (z.B. der Fachkräfte und Adressat/innen) sind nach Reheis im beruflichen Handeln unbedingt zu respektieren.

Aus einer *systemtheoretisch-konstruktivistischen Perspektive* heraus kann argumentiert werden, dass Weltbild und Weltsicht des Menschen von seiner Wahrnehmung bzw. Beobachtung bestimmt werden, beispielsweise in Gestalt zeitlicher Differenzierungen (vgl. Bardmann/Gerhard 1997). Dabei haben die Menschen als Systeme, die mit ihrer Umwelt, also anderen Systemen, kommunizieren, Eigenzeiten, wie eben gezeigt wurde. Diese Eigenzeiten müssen Systeme, die miteinander interagieren, synchronisieren, beispielsweise im Kontext von kommunikativen Hilfeprozessen. Dabei können Unterschiede zwischen den Systemen (z.B. Status, Expertise, Macht) eine Rolle spielen, etwa, wenn ein System in der Lage ist, ein anderes unter Zeitdruck zu setzen. So findet berufliches Handeln in der Sozialen Arbeit typischerweise in asymmetrischen Verhältnissen statt, weil das Arbeitsbündnis zwischen Fachkraft und Adressat/in de facto nicht auf Augenhöhe angesiedelt ist.

Im Anschluss daran kann Soziale Arbeit als Kommunikationsarbeit verstanden werden in dem Sinne, dass die Interaktion auf der Sach- und Beziehungsebene Zeit braucht, damit sich die Menschen gehört und gesehen bzw. verstanden fühlen. Den Fachkräften der Sozialen Arbeit fällt dabei die Aufgabe zu, diese Interaktion bzw. Kommunikation so zu gestalten, dass eine Synchronisation der Eigenzeiten grundsätzlich möglich ist. So argumentieren Hosemann/Geiling (2005, 96), dass Soziale Arbeit „an unterschiedliche Eigenzeiten anschließt, zwischen unterschiedlichen Eigenzeiten vermittelt und selbst Zeitressourcen braucht, um ihre Leistungen für verschiedene Adressaten erbringen zu können", und betonen in diesem Zusammenhang: „Die Zeit, welche durch die Soziale Arbeit benötigt und gestaltet wird, schafft Zeit (Raum) für Veränderungen im Leben von Klienten" (ebd., 99). Dieser Idee folgend kann Soziale Arbeit auch als Beziehungsarbeit verstanden werden, die Zeit braucht für den Aufbau und die Vertiefung einer Beziehung – ganz zu schweigen von deren Aufrechterhaltung über einen längeren Zeitraum. Dabei ist Beziehungsarbeit ein dynamischer Prozess, weil sich die Beziehung zwischen zwei Menschen kontinuierlich verändert, indem sie (weiter) aufeinander zugehen oder sich (wieder) voneinander wegbewegen. So muss beispielsweise das Verhältnis von Nähe und Distanz immer wieder neu ausgelotet werden.

Eine weitere Möglichkeit, um die Bedeutung von Zeit als knappe Ressource der Sozialen Arbeit herauszuarbeiten, besteht darin, die Prozeduralität des (beruflichen) Handelns (vgl. Abbott et al. 2020) in den Fokus zu rücken. Eine prozedurale Vorstellung beruflichen Handelns in der Sozialen Arbeit findet sich beispielsweise bei Maja Heiner, die am Beispiel der Problemlösung von „einer logischen zeitlichen Abfolge, bei der kein Schritt des Problemlösungsprozesses übersprungen werden kann – aber eine Rückkehr zu einem früheren Schritt jederzeit sinnvoll sein kann (rekursives Vorgehen)" (2010, 65), ausgeht. Demnach vollzieht sich berufliches Handeln in der Sozialen Arbeit linear in dem Sinne, dass ein Schritt nach dem anderen gegangen werden muss, und zyklisch in dem Sinne, dass sich diese zeitliche Schrittfolge so lange wiederholt, bis die Intervention erfolgreich beendet ist, falls sie nicht abgebrochen wird. Dies soll anhand von Bildung und Beratung als zwei charakteristischen Formen beruflichen Handelns in der Sozialen Arbeit näher beschrieben werden.

Erstens kann *Bildung als Prozess*, in dem sich das Selbst- und Weltverhältnis des Subjekts aufgrund von Erfahrung und Reflexion verändert, beschrieben werden. So bestimmt Hans-Christoph Koller (vgl. 2012) Bildung als transformativen Prozess, in welchem der Mensch das Verhältnis zu sich und zu seiner Umwelt – ausgelöst durch Krisen und biografische Brüche – modifiziert, beispielsweise im Sinne einer Lebensbewältigung durch (Selbst-)Bildung im Kontext der Sozialen Arbeit (vgl. Böhnisch 2012). Zeit kann in diesem Rahmen als ermöglichender Faktor verstanden werden, weil ein solcher (Selbst-)Bildungsprozess zeitlich voraussetzungsreich ist (vgl. Schmidt-Lauff 2012). Wie Dörpinghaus/Uphoff (2012) argumentieren, ist Zeit eine Bedingung dafür, dass sich das Subjekt seiner selbst und seiner Situation bewusst werden, sich sozusagen vergegenwärtigen kann, um sich aus Routinen oder Zwängen zu befreien. So kann die Soziale Arbeit (Bildungs-)Orte als Zeiträume, die Momente der Kritik, Emanzipation oder Befähigung ermöglichen, denken (vgl. Winkler 2006). Daher sind für eine Soziale Arbeit, die sich als (Mit-)Gestalterin von Gesellschaft und Politik begreift, die zeitlichen Strukturen, in welche Bildungsprozesse eingebettet sind, von besonderem Interesse. Diese Prozesse müssen nämlich mitunter zwischen konkurrierenden „ökonomischen Zeitinteressen und pädagogischen Zeitverständnissen" (Schmidt-Lauff 2020, 214) in Gang gesetzt und aufrecht erhalten werden.

Zweitens kann *Beratung als Prozess* beschrieben werden, an dem zwei oder mehr Personen beteiligt sind und in welchem die beratende Person der ratsuchenden Person bei der Lösung eines Problems behilflich ist, indem sie Wissen vermittelt, Kompetenzen fördert, zur Reflexion oder zum Wechsel der Perspektive anregt usw. Im Fachdiskurs ist zwar von unterschiedlichen Zuschreibungen wie etwa sozialer, pädagogischer, sozialpädagogischer oder psychosozialer Beratung die Rede (vgl. Belardi 2017; Nestmann/Sickendiek 2018), die Grundlogik scheint dabei aber die gleiche zu sein. Diese Vorstellung von Beratung als Prozess spiegelt sich in Modellen wider, die von Phasen, Schritten oder Stufen ausgehen. So finden sich in der Theorie (z.B. in Einführungs-, Hand- und Lehrbüchern) und der Praxis der Beratung (z.B. in Handreichungen) Prozessmodelle, die zum Teil theorie-, zum Teil erfahrungsbasiert sind. Diese Modelle unterscheiden sich unter anderem hinsichtlich der Anzahl der Phasen, Stufen und Schritte voneinander. Ein Beispiel für ein solches Prozessmodell findet sich bei Lippitt/Lippitt (2015, 18), die sechs Phasen unterscheiden: „1. Kontakt und Einstieg, 2. Formulierung des Kontrakts und Aufbau einer Arbeitsbeziehung, 3. Definition des Problems und diagnostische Analyse, 4. Zielsetzung und Vorgehenspläne, 5. Durchführung und Erfolgskontrolle, 6. Sicherung der Kontinuität". Zeit spielt in allen genannten Phasen eine Rolle, weil jede einzelne von ihnen durchlaufen und abgeschlossen werden muss. Dabei geht es nicht nur um die Zeit der bzw. des Beratenden und der bzw. des Ratsuchenden, sondern auch um die Beratungszeit, also die Zeit, die für die Kommunikation zwischen beiden Seiten gebraucht wird.

2.3 Soziale Arbeit in der Beschleunigungsgesellschaft?

Eine mögliche Erklärung für Zeitknappheit und Zeitdruck in der Praxis der Sozialen Arbeit bzw. im beruflichen Handeln bietet die Theorie der Beschleunigung von Hartmut Rosa (vgl. 2020) an. Damit setzt Rosa einen Referenzpunkt im sozialwissenschaftlichen Beschleunigungsdiskurs, der für andere Disziplinen, wie etwa die Soziale Arbeit, anschlussfähig ist.

Rosa versteht unter dem Begriff der Beschleunigung „ein verbindendes Kernelement aller modernen Gesellschaften" (2020, 61). Dieses Phänomen lasse sich „seit dem 18. Jahrhundert in nahezu allen gesellschaftlichen Bereichen, insbesondere in der Wirtschaft, in der wissenschaftlich-technischen Entwicklung, aber auch in der alltäglichen Lebensführung beobachten" (ebd.). Er geht davon aus, „dass die moderne Gesellschaft als ‚Beschleunigungsgesellschaft' in dem Sinne verstanden werden kann, dass in ihr eine (strukturell und kulturell voraussetzungsreiche) Verknüpfung der beiden Beschleunigungsformen – technische Beschleunigung und Steigerung des Lebenstempos durch Verknappung der Zeitressourcen – und damit von Wachstum und Beschleunigung vorliegt" (ebd., 120). Eine Folge dieser Verkettung von Wachstum und Beschleunigung wird als „rasender Stillstand" (Paul Virilio) bezeichnet, eine „Situation, in der die Subjekte von Jahr zu Jahr schneller rennen und mehr leisten müssen, ohne voranzukommen, d.h. nur um ihren Platz zu halten und nicht zurückzufallen" (Rosa 2020, 62).

Weiter erläutert Rosa: „Der Begriff der Beschleunigung umfasst dabei drei logisch und analytisch unterscheidbare Phänomenbereiche, die erst in ihrem Zusammenwirken die moderne Beschleunigungsgesellschaft hervorbringen“ (ebd.). Dabei differenziert er: „erstens, die *technische Beschleunigung,* welche insbesondere die gewaltigen Tempogewinne im Transportwesen, in der Kommunikation und Informationsübermittlung und schließlich in der Produktion von Gütern und zum Teil auch Dienstleistungen beschreibt. Durch technische Beschleunigung zielgerichteter Prozesse werden systematisch Zeitressourcen eingespart und für andere Tätigkeiten freigesetzt. Davon unterscheiden lässt sich zweitens die *Beschleunigung des sozialen Wandels,* d.h. die Steigerung der Veränderungsraten in den Wissens- und Praxisformen, in den Handlungsmustern und Assoziationsverhältnissen moderner Gesellschaften. Diese Veränderungen sind nicht zielgerichtet, ihre Dynamisierung bedeutet eine abnehmende Stabilität der Hintergrundbedingungen des Lebens und Handelns. Die Akteure müssen sich infolgedessen auf sich immer rascher verändernde Verhältnisse einstellen. Drittens schließlich sind moderne Gesellschaften auch durch eine *Steigerung des Lebenstempos* gekennzeichnet. Dies bedeutet, dass soziale Akteure versuchen, die Zahl der Erlebnis- und/oder Handlungsepisoden pro Zeiteinheit (also etwa pro Tag, Jahr oder auch in ihrem Leben) systematisch zu erhöhen“ (ebd., Herv. M.G.).

Eine Folge dieser Beschleunigung und der damit einhergehenden Verknappung der Zeitressourcen ist der Zeitdruck in der Gesellschaft und damit auch der Arbeitswelt im Allgemeinen sowie der Sozialen Arbeit im Speziellen, welchem die Menschen mit unterschiedlichen Strategien – insbesondere der eben erwähnten Steigerung des Lebenstempos – zu begegnen versuchen: „Zum Ersten versuchen sie [die Menschen, M.G.] die Handlungsgeschwindigkeit selbst zu erhöhen (etwa im Fast Food, Speed-Dating oder Power-Nap), zum Zweiten versuchen sie die Handlungssequenzen so zu synchronisieren, dass dazwischen keine Pausen, Warte- oder

Leerzeiten entstehen, und zum Dritten setzen sie Multitaskingstrategien ein, um die Tätigkeitsmenge zu erhöhen“ (Rosa 2020, 61).

Nach Rosa verändert die Beschleunigung die Zeiterfahrung der Menschen nachhaltig: „Die quantitative Erhöhung des objektiven Lebenstempos scheint zu einer qualitativen Veränderung der subjektiven Zeiterfahrung zu führen“ (Rosa 2005, 213). In Bezug auf den Zeitdruck erläutert Rosa weiter: „Objektiv lässt sich dabei, zumindest prinzipiell, die Verdichtung von Handlungs- und/oder Erlebnisepisoden vermittels Zeitbudget messen, während subjektiv die Erfahrung von Zeitdruck und ‚rasender' Zeit empirisch erhebbare Indikatoren für die Wahrnehmung verknappter Zeitressourcen und eines akzelerierten Verstreichens von Zeit sind. Die Beschleunigung des Lebenstempos beinhaltet daher die Zunahme der aggregierten Handlungsgeschwindigkeit ebenso wie die Veränderung der Zeiterfahrung“ (ebd., 198). Diese Zeiterfahrung ist den Menschen beispielsweise als Gefühl von Zeitmangel oder Zeitnot, also der Empfindung, zu wenig oder keine Zeit zu haben, bekannt.

Eine weitere Folge der Beschleunigung ist die zeitliche Entgrenzung in der Gesellschaft und damit auch der Arbeitswelt im Allgemeinen sowie der Sozialen Arbeit im Speziellen, die nicht zuletzt von der fortschreitenden Digitalisierung, welche die Kommunikation quasi jederzeit möglich macht, angetrieben wird. Ein Beispiel dafür ist die Flexibilisierung des Handelns: „Als Flexibilisierung wird der Prozess des Einstellens auf veränderte Bedingungen und Beweglichkeit im Anpassungsprozess bezeichnet. Der Vorgang kann aktiv (flexibilisieren) oder passiv (flexibilisiert werden) stattfinden“ (Iller 2020, 130). Die eben genannten Strategien zum Umgang mit der Beschleunigung und Verknappung der Zeitressourcen, insbesondere die Steigerung des Lebenstempos, können also auch als Ausdruck einer zeitlichen Flexibilisierung des beruflichen Handelns gedeutet werden.

Eine weitere Reaktion auf die sich immer schneller wandelnden Verhältnisse ist die Ausbildung einer situativen Identität (vgl. Rosa 2020). So argumentiert Rosa: „Subjekte sind nicht einfach mehr Bäcker, Münchner, Ehepartner von X, katholisch und konservativ, sondern sie arbeiten im Moment in einer Bäckerei, leben derzeit in München und sind mit X zusammen" (ebd., 65). Der „flexible Mensch" (Richard Sennett) als Sozialfigur der Beschleunigungsgesellschaft ist – sprichwörtlich – nicht (mehr) Herr seiner Zeit, sondern muss zeitlich flexibel bleiben, um situativ handeln zu können. Dass dieses Verhalten, das einer Selbstunterwerfung unter das Zeitregime der Moderne gleichkommt, körperliche und psychische Folgen hat (z.B. Herz-Kreislauf-Erkrankungen, Burnout oder Depression), wird in unterschiedlichen Kontexten, beispielsweise als „Zeitgewinn und Selbstverlust", diskutiert (vgl. King/Gerisch 2009).

Resümierend zeigt sich, dass bei der Erfassung dieses Phänomens noch Forschungsbedarf besteht. So wird der Beschleunigungsbegriff mitunter kritisch gesehen (vgl. Baier 2000). Ein Kritikpunkt betrifft beispielsweise die Frage, wer oder was wen oder was beschleunigt und wie sich die Zunahme an Handlungsepisoden messen lässt: Während die Dimension der technischen Beschleunigung vergleichsweise einfach bestimmt werden kann, ist es mit der Beschleunigung des sozialen Wandels schon schwieriger. Auch die Beschleunigung des Lebenstempos und die damit einhergehende Verknappung der Zeitressourcen scheint zwar eine von vielen Menschen geteilte Zeiterfahrung zu sein, kommt dabei aber ganz unterschiedlich zum Tragen, z.B. in Abhängigkeit des sozioökonomischen Status, des Lebensalters oder des Familienstands einer Person.

3. Zeitdruck im Berufsalltag: Empirische Perspektiven

In diesem Kapitel wird das Phänomen des Zeitdrucks als zeitliche Herausforderung, die von den Fachkräften in der Sozialen Arbeit im Berufsalltag bewältigt werden muss, näher betrachtet. Dafür werden verschiedene empirische Untersuchungen zu Arbeitsbedingungen und Arbeitsbelastungen von Fachkräften in sozialen (Dienstleistungs-)Berufen herangezogen.

3.1 Untersuchungen zu zeitlichen Herausforderungen in der Arbeitswelt

Im Kontext einer Studie, in der an den „drei Zeitpunkten 2006, 2012 und 2018 eine Gesamtstichprobe von jeweils ca. 20.000 Erwerbstätigen" zu „Arbeitsanforderungen, Arbeitsbedingungen und Arbeitsbelastungen" befragt wurde, stellen Bauknecht und Wesselborg (2022) fest: „Die psychische Erschöpfung ist in allen sozialen Interaktionsberufen höher als bei anderen Beschäftigten. Am höchsten ist sie in den Pflegeberufen gefolgt von Erziehungspersonal, Lehrpersonal, Polizei und Beschäftigten der Sozialen Arbeit. In der Mehrheit der Berufe stieg die psychische Erschöpfung im Erhebungszeitraum von 2006 bis 2018 an" (ebd.).

Dass Zeitdruck über alle Branchen hinweg herrscht, also auch in sozialen (Dienstleistungs-)Berufen, wird von verschiedenen Studien belegt. So berichtet eine Studie des Robert-Koch-Instituts, für die knapp 13.700 erwerbstätige Frauen und Männer von 18 bis 64 Jahren zu den Arbeitsbelastungen befragt wurden: „Die häufigste Einzel-Belastung ist das Arbeiten unter Zeit- und Leistungsdruck. 36 Prozent der Frauen und 44 Prozent der Männer sagen, dass sie im Job häufig unter Zeitnot und Leistungszwang leiden. Dieser Stressfaktor steigert ebenso wie ein schlechtes Betriebsklima die Sensibilität für andere schädliche Einflüsse" (Kroll et al. 2011,

1). Auch Henn et al. (2017) weisen Zeitdruck als eine mögliche Belastung im Kontext der „Arbeitsbedingungen als Ausdruck gesellschaftlicher Anerkennung Sozialer Arbeit“ aus. Hielscher et al. (2013) sprechen von „Zeitnot, Druck zur Kostenersparnis und Verdichtung der Arbeit“ in der sozialen Dienstleistungsarbeit. Dathe et al. (2012) stellen für soziale Dienstleistungsberufe fest: „Die Arbeit muss unter großem Termin- und Zeitdruck verrichtet werden. Das führt zu gesundheitlichen Belastungen.“

Weitere Evidenz liefert der „DGB-Index Gute Arbeit“ aus dem Jahr 2015 (Institut DGB-Index Gute Arbeit 2015), für den 4.900 Arbeitnehmer/innen befragt wurden. Auf die Frage „Wie häufig fühlen Sie sich bei der Arbeit gehetzt oder stehen unter Zeitdruck?“ antworteten 23 % der Befragten mit „sehr häufig“, 29 % mit „oft“, 33 % mit „selten“ und 15 % mit „nie“ (ebd., 5). In den sozialen Berufen antworteten 31 % mit „sehr häufig“, 18 % mit „oft“, 34 % mit „selten“ und 17 % mit „nie“ und lagen damit im direkten Vergleich sogar über dem Durchschnitt aller Befragten. Auf die Frage „Wie häufig kommt es bei Ihnen zu Zeit- oder Termindruck durch ...?“ antworteten 65 % mit „Zu viele gleichzeitig zu bearbeitende Vorgänge und Projekte“, 63 % mit „Zu knappe Personalbemessung“, 61 % „Ungeplante Zusatzaufgaben“, 54 % mit „Zu knapp vorgegebene Termine oder Zeitvorgaben“, 41 % mit „Eine zu hohe Erwartungshaltung von KundInnen, KlientInnen, PatientInnen“ (ebd., 6). Auf die Frage „Zeit-/Termindruck wird oft/immer verursacht durch ...“ antworteten 49,7 % mit „Zu knappe Personalbemessung (Personalengpässe)“, 27,3 % mit „Zu viele, gleichzeitig zu bearbeitende Abläufe oder Projekte“ und 26,3 % mit „Störungen durch ungeplante Zusatzaufgaben“ (ebd., 4).

Eine nicht-repräsentative Studie des Autors dieser Ausgabe der Reihe Soziale Arbeit kontrovers zur Intensität, zu den Ursachen und zum Umgang mit Zeitdruck von Studierenden aus drei berufsbegleitenden Studiengängen (BA Soziale Arbeit, BA Pflegemanagement, MA Leitung und Kommunikation), die während des Studiums auch als Fachkräfte in sozialen Berufen tätig waren, kommt zu ähnlichen Ergebnissen. Aufgrund der Größe des Samples von 74 Fragebögen haben diese Ergebnisse aber nur explorativen Charakter. Auf die Frage „Welche Intensität hat der Zeitdruck in Ihrer Berufstätigkeit?“ antworteten 53 % mit „eher hoch“, 19 % mit „mittelmäßig“, 14 % mit „sehr hoch“, 13 % mit „eher niedrig“ und 1 % mit „sehr niedrig“. Auf die Frage „Was sind die Ursachen für Zeitdruck in Ihrer Berufstätigkeit?“ antworteten 57 % mit „Ich muss mehrere Aufgaben gleichzeitig erledigen“, 57 % mit „Ich muss viele ungeplante Zusatzaufgaben erledigen“, 51 % mit „Ich werde beim Erledigen meiner Aufgaben häufig gestört oder muss diese unterbrechen“, 44 % mit „Es gibt zu wenig Personal in der Einrichtung“, 40 % mit „Ich habe (insgesamt) zu viele Aufgaben zu erledigen“ und 33 % mit „Die Zeiträume zur Erledigung der Aufgaben sind zu knapp kalkuliert“ (bei dieser Frage waren Mehrfachantworten möglich).

Resümierend lassen die hier genannten Ergebnisse der empirischen Untersuchungen die Schlussfolgerung zu, dass Zeitdruck keine Ausnahmeerscheinung darstellt. Dabei zeigt sich, dass der Zeitdruck in der Regel auf die gleichen oder ähnliche Ursachen zurückgeführt wird, etwa (zu) wenig Personal, (zu) viele Aufgaben oder Projekte, die gleichzeitig oder ungeplant zu erledigen sind, (zu) kurze Fristen für die Erledigung dieser Aufgaben oder Projekte oder (zu) viele Störungen und Unterbrechungen während der Arbeit daran.

3.2 Zeitdruck im Berufsalltag am Beispiel der Kinder- und Jugendhilfe

In einer weiteren empirischen Studie des Autors dieser Ausgabe der Reihe Soziale Arbeit kontrovers wurden 45 Fachkräfte, die in der Kinder- und Jugendhilfe tätig sind, mit einem offenen Fragebogen zur Bedeutung von Zeit sowie Zeitdruck als Herausforderung pädagogischen Handelns im Kontext der Sozialen Arbeit befragt. Diese Befragung wurde inhaltsanalytisch ausgewertet. Dabei wurden Kategorien gebildet, um die Antworten zu systematisieren. Aufgrund der gewählten Methodik und der Größe des Samples haben diese Ergebnisse ebenfalls nur explorativen Charakter. Die Antworten wurden der besseren Lesbarkeit halber grammatikalisch und orthografisch überarbeitet, ohne dabei den Sinn zu verändern. Im Folgenden werden ausgewählte Ergebnisse dieser Befragung diskutiert.

3.2.1 Pädagogisches Handeln braucht Zeit

Die Befragten argumentieren, dass pädagogisches Handeln in der Kinder- und Jugendhilfe Zeit braucht. So bezeichnen die befragten Fachkräfte Zeit beispielsweise als „großes Thema", „kostbares Gut", „wesentlichster und wichtigster Faktor", der einen „enormen Stellenwert" hat und eine „entscheidende Rolle" spielt oder ein „Privileg" ist, denn „Zeit ist im Alltag immer präsent".

Die Bedeutung von Zeit machen die Befragten beispielsweise am individuell benötigten Zeitaufwand für die pädagogische Arbeit fest. So gibt eine befragte Fachkraft an: „Der Mensch ist individuell und jeder benötigt unterschiedlich viel oder ‚anders' Zeit." Eine andere befragte Fachkraft führt aus: „Es ist wichtig, sich Zeit für jedes einzelne Kind zu nehmen. Um genau zu beobachten, den passenden Zeitpunkt abzuwarten und dann dem Kind das passende Angebot zu machen.“ Ein weiteres Beispiel ist der Zeitaufwand, der für Verhaltensänderungen und Lernen benötigt wird. So sagt eine befragte Fachkraft aus: „Pädagogisches Handeln geschieht im Umgang mit Menschen und da diese Zeit brauchen, bis sie etwas ‚verinnerlicht‘ haben bzw. Verhaltensweisen verändern wollen, braucht dies Zeit.“ Eine andere befragte Fachkraft erläutert: „Um ein Verhalten oder eine Tätigkeit zu lernen, benötigt das Kind viele Wiederholungen. Diese benötigen einfach Zeit.“ Eine weitere befragte Fachkraft resümiert: „Zeit ist sehr wichtig, egal in welcher Hinsicht, denn ohne die Zeit mit beispielsweise Kolleginnen können keine Absprachen oder Planungen gemacht werden. Genauso die Zeit mit Kindern – ohne Zeit mit Kindern gäbe es keine Möglichkeit, um sich mit ihnen auseinanderzusetzen, ihnen etwas beizubringen usw. Gäbe es nicht die Möglichkeit, sich Zeit zu nehmen für Vorbereitungen, könnten viele Projekte oder Aktionen nicht geplant und durchgeführt werden. Daher ist Zeit in meinem Beruf sehr wichtig! Ohne Zeit komme ich nicht voran.“

Aus den Antworten der befragten Fachkräfte lassen sich die folgenden Aspekte herausarbeiten, um die Bedeutung von Zeit für pädagogisches Handeln in der Sozialen Arbeit genauer zu beschreiben.

Zeit für Qualität

Erstens wird Zeit als Qualitätsmaßstab für „gutes“, „richtiges“ oder „korrektes“ pädagogisches Handeln beschrieben. So gibt eine befragte Fachkraft an: „Gute Dinge brauchen Zeit.“ Eine andere befragte Fachkraft ergänzt: „Zeit bedeutet Qualität.“ Und eine weitere befragte Fachkraft erklärt: „Ich sehe Zeit als einen entscheidenden Faktor bzgl. der Qualität pädagogischer Arbeit. Mit anderen Worten: Gute Pädagogik (professionell ebenso wie im Alltag als Eltern) braucht Zeit, die bedauerlicherweise meist nicht genügend vorhanden ist. Der berufliche Alltag ist in der Regel eng getaktet und lässt wenig Spielräume. Zeit und damit Aufmerksamkeit ist das größte Geschenk, das Menschen sich gegenseitig geben können."

Zeit für Beziehungsarbeit und Gespräche

Zweitens wird die Bedeutung von Zeit für Beziehungsarbeit betont, wie eine befragte Fachkraft ausführt: „Pädagogisches Handeln besteht aus Beziehungsarbeit. An erster Stelle steht Beziehungsaufbau, welcher sich nicht an einen zeitlichen Rahmen binden lässt und sehr unterschiedlich lange dauert. Ohne eine tragfähige Beziehung ist keine sinnvolle pädagogische Arbeit möglich. Auch nach dem Beziehungsaufbau ist es wichtig, wertschätzend, mit voller Aufmerksamkeit und ohne Zeitdruck den Klienten gegenüberzutreten." Eine Fachkraft stellt dies exemplarisch an der Vertrauensbildung dar: „Ganz einfach – Erlebtes und Vergangenes von beispielsweise 30 Jahren, lässt sich nicht innerhalb von einer Stunde wöchentlich und in einem straff begrenzten Zeitraum bearbeiten. Einer Person, der ich fremd bin, öffne ich mich nicht nach zwei Terminen. Vertrauen entsteht nicht von jetzt auf gleich. Entwicklung verläuft nicht linear. Klienten machen manchmal zwei Schritte vor, dann drei zurück und dann wieder einen zur Seite. In der pädagogischen Arbeit begleite ich meine Klienten, unterstütze sie und gehe Wege mit ihnen oder zeige ihnen auch Alternativen auf. Das alles braucht Zeit. Und nicht nur ein bisschen."

In diesem Kontext weisen die befragten Fachkräfte auch auf die Bedeutung von Zeit für Gespräche hin. So zeigt eine befragte Fachkraft auf: „Meine Klienten schätzen es sehr, dass ich mir ausreichend Zeit für sie einplane. Sie spüren es, dass ich meistens ohne Druck, ‚direkt zum Nächsten zu müssen', ihnen zuhören kann. Dabei kommt es auch oft vor, dass geplante Termine (bspw. für zwei Stunden) auch mal etwas länger dauern. Oft ergeben sich im ‚entspannten' Gespräch wichtige Informationen oder Themen, die in einem straffen, starren Setting nicht oder kaum zur Sprache kämen. Sie genießen es, dass ich mich während der Termine voll und ganz auf sie als Person konzentriere und sie einfach mal erzählen lasse. Das ‚Von-der-Seele-Reden' ist oft der Ausgangspunkt für wichtige Beziehungsarbeit und damit der Grundstein für alles Weitere." Eine andere befragte Fachkraft ergänzt: „Nur durch Zeit können wertvolle Gespräche stattfinden, die für den Klienten von großer Bedeutung sind. Ohne Zeit könnte ich meine Arbeit nicht ausführen. Keine Zeit heißt keine Hilfe in Form von Gesprächen." Und eine weitere befragte Fachkraft resümiert: „Es ist eine Wertschätzung, wenn wir uns die Zeit nur für einen oder zwei Jugendliche nehmen, und vor allem ist es so wichtig. Gerade in Einzelgesprächen ist der Bezugsaufbau am größten."

Zeit für Krisen und Konflikte

Drittens spielt Zeit in Krisen- und Konfliktsituationen eine wichtige Rolle, wie eine befragte Fachkraft beschreibt: „Eine Krise hat kein Zeitfenster. Sie dauert eben abhängig davon, worum es geht, so lange, wie sie eben dauert." Eine andere befragte Fachkraft legt dar: „In Konfliktsituationen ist Zeit entscheidend, da eine Situation steht und fällt mit meiner Entscheidung ... Eskaliert eine Situation oder nicht?" Und eine weitere Fachkraft resümiert: „Jede Situation [braucht Zeit, M.G.], in der ein Klient (Kind/Jugendlicher/Eltern) dringenden Gesprächsbedarf hat (z.B. Trennungssituation der Eltern, Unfall, Krankheit oder Tod eines Elternteiles oder eines nahen Angehörigen), der eigentlich nicht aufgeschoben werden kann. Oft muss dies jedoch geschehen, weil die personelle Situation eine spontane evtl. längere Gesprächseinheit nicht zulässt."

Resümierend wird Zeit von den Befragten eine Bedeutung für pädagogisches Handeln auf verschiedenen Ebenen zugesprochen, wie eine Fachkraft stellvertretend ausführt: „Zeit ist eine wesentliche Ressource zum Gelingen pädagogischen Handelns. Zeit gibt Orientierung und Sicherheit für Pädagogen, Adressaten und Zielgruppen. Zeit ermöglicht konkretes Planen und zielorientiertes Arbeiten für alle Beteiligten. Zeit als messbare Größe ist aussagekräftig für die Evaluation sozialpädagogischer Arbeit sowie für das Strukturieren pädagogischer Handlungsfelder und damit verbundener Leistungen."

Obwohl – wie eben beschrieben wurde – pädagogisches Handeln in der Kinder- und Jugendhilfe Zeit braucht, ist sie in der Regel knapp bemessen. Dies veranschaulichen die folgenden Antworten der befragten Fachkräfte: „Zeit ist ein wertvolles Gut, von dem immer zu wenig da ist", „definitiv eine knappe Ressource" oder „Zeit ist eine Mangelware". Dieser subjektiv wahrgenommene Zustand äußert sich vor allem auf der Gefühlsebene, wie die folgenden Antworten der befragten Fachkräfte verdeutlichen: „Zeit fühlt sich immer als zu wenig vorhanden an", „Das Gefühl, den Anforderungen hinterherzuhinken, ist immer präsent" oder „Oft geht die Zeit während des Alltags durch den alltäglichen Trubel so schnell rum, dass man sich manchmal fragt, wo die Zeit überhaupt hin ist".

3.2.2 Ursachen von Zeitdruck

Als Ursachen von Zeitdruck lassen sich aus den Antworten der befragten Fachkräfte die folgenden Aspekte herausarbeiten:

(Zu) viele Aufgaben

Eine erste Ursache für Zeitknappheit und Zeitdruck im Berufsalltag resultiert laut der Befragten aus den (zu) vielen Aufgaben. So gibt eine befragte Fachkraft an: „Zeit ist meistens knapp, da viel zu tun ist und viele Bedürfnisse befriedigt werden müssen." Eine andere befragte Fachkraft erläutert: „Zeit ist eine eher knappe Ressource. Dies liegt an dem großen Umfang, der mittlerweile in die Arbeit einfließt." Eine weitere befragte Fachkraft führt aus: „Es fehlt irgendwie immer Zeit bzw. es sind zu viele Aufgaben für zu wenig Zeit."

In diesem Kontext spielt die Zeit, die für Dokumentation aufgewendet werden muss, für die Befragten eine besondere Rolle. So erläutert eine befragte Fachkraft: „Zeit hat einen hohen Stellenwert. Vor allem, da sie durch viel Dokumentation immer weniger für das Klientel direkt zur Verfügung steht." Eine andere befragte Fachkraft führt aus: „Vor- und Nachbereitung sowie Dokumentation frisst viel Zeit, die am Menschen verloren geht." Eine weitere befragte Fachkraft zeigt auf: „Es nimmt Züge an, dass Formulare das Wichtigste in unserer pädagogischen Arbeit werden. Der Jugendliche bleibt oft auf der Strecke." Und eine weitere befragte Fachkraft resümiert: „Es ist oftmals wichtiger, dass ein Bericht verfasst wird, was alles nicht klappt nach einem halben Jahr und was aber in einem halben Jahr klappen soll. Dafür wird sich Zeit genommen. Zeit müsste besser verteilt und unterschiedlich gewertet werden."

(Zu) wenig Personal

Eine zweite Ursache für Zeitknappheit und Zeitdruck im Berufsalltag ist laut der Befragten das (zu) wenige Personal. So gibt eine befragte Fachkraft an: „Ja, Zeit ist eine knappe Ressource. Als Gründe sehe ich vor allem die personelle Situation. Wie oben beschrieben, lassen die knappen Personalkapazitäten spontane Gespräche oder eine notwendige intensive Einzelbetreuung oft nicht zu." Eine andere befragte Fachkraft führt aus: „Zeitdruck empfinde ich oft bei Personalmangel. Man versucht alles in derselben Zeit zu schaffen, was man in gewohnter Weise mit mehreren Leuten erledigt."

In diesem Kontext schlagen krankheitsbedingte Ausfälle nach Ansicht der Befragten besonders zu Buche, weil die als (zu) dünn empfundene Personaldecke dadurch noch dünner wird. So erläutert eine befragte Fachkraft: „Zeitdruck tritt auf, wenn Kollegen krank sind und man unterbesetzt ist, da Dinge geschafft werden müssen und länger dauern, wenn eine/r fehlt." Eine andere befragte Fachkraft stellt dar: „Zeitdruck tritt auf, wenn ich aufgrund von Kollegen-Krankheitsvertretungen nicht meinen eigenen Aufgaben nachkommen kann." Und eine weitere befragte Fachkraft resümiert: „Ein typisches Beispiel ist, dass morgens 25 bis 50 Prozent des Teams krankgemeldet sind. Es gibt dann keinen Pool an Vertretungen. Die noch gesunden Mitarbeiter füllen – so gut es geht – Randzeiten auf, verzichten auf ihre Pause oder auf Dokumentation ... Dies führt wiederum dazu, dass, sobald die anderen Mitarbeiter wieder zurück sind aus dem Krankenstand, alles aufgearbeitet werden muss, was liegen geblieben ist. Auch dies führt wieder zu extremem Zeitmangel ... Dieses Beispiel ist leider keine Ausnahme, sondern tritt regelmäßig auf."

Resümierend beeinträchtigen die genannten Ursachen das pädagogische Handeln, wie eine befragte Fachkraft beschreibt: „Es bleibt eigentlich grundsätzlich für nichts wirklich Zeit, weder für eine intensive Auseinandersetzung mit den Kindern noch für Dokumentation, Teamarbeit oder Elternarbeit. Grundsätzlich gibt es immer das Gefühl, keiner Aufgabe wirklich gerecht zu werden." Eine andere befragte Fachkraft bestätigt: „Zeit ist im Allgemeinen ein Fremdwort. Damit meine ich die Zeit, die wir mit den Klienten benötigen. Es wird einerseits erwartet, dass wir diese fördern, pflegen, betreuen, unterhalten etc. sollen. Auf der anderen Seite jedoch sind andere Dinge, die rein gar nichts mit dem Menschen zu tun haben, deutlich wichtiger (für den Arbeitgeber). Dazu gehört die Dokumentation, das ‚Drumherum', was ebenfalls in der Arbeitszeit erledigt werden soll, die Sitzungen im Team und vieles mehr."

3.2.3 Folgen von Zeitdruck

Als Folgen von Zeitdruck lassen sich aus den Antworten der befragten Fachkräfte die folgenden Aspekte herausarbeiten:

Fehler

Erstens beeinträchtigt der Zeitdruck die Qualität des pädagogischen Handelns, wie eine befragte Fachkraft angibt: „Umso mehr Zeitdruck besteht, desto schwieriger ist es, eine qualitativ hochwertige Arbeit zu leisten." So berichten die Fachkräfte von Fehlern, die durchaus folgenschwer sein können (z.B. in Krisen- und Konfliktsituationen). Eine befragte Fachkraft sagt aus: „Wir arbeiten mit Menschen und nicht mit Dingen, Fehlerquellen sind da fatal." Eine andere befragte Fachkraft zeigt auf: „Bei Zeitdruck wird man ungenau, überliest wichtige Themen, macht Fehler z.B. in Statistiken, Beobachtungsbögen." Und eine weitere Fachkraft resümiert: „Zeitdruck verursacht Fehler und Missverständnisse in der Selbstorganisation und auch den Klient/innen gegenüber."

Mehrarbeit

Zweitens berichten die Fachkräfte davon, dass Aufgaben innerhalb der Arbeitszeit aufgeschoben oder sogar außerhalb der Arbeitszeit erledigt werden. So erläutert eine befragte Fachkraft: „Zeitdruck wirkt sich oftmals dadurch aus, dass Arbeiten mit nach Hause genommen werden, z.B. Dokumentationen, Vorbereitungen etc., die eben nicht direkt am Kind gemacht werden." Eine andere befragte Fachkraft führt aus: „Zeitdruck wirkt sich insofern aus, dass Arbeiten liegen bleiben, nicht vollständig erledigt werden, sowohl an Dokumentation als auch an pädagogischer Arbeit immer Abstriche gemacht werden müssen. Oder aber Mitarbeiter arbeiten kontinuierlich unter Strom, um allen Aufgaben irgendwie gerecht zu werden. Eine Folge daraus sind Überstunden, die entstehen, abgefeiert werden müssen und dann wieder zur Personalknappheit und somit Zeitmangel führen."

Negative Auswirkungen auf das Wohlbefinden der Fachkräfte

Drittens berichten die Fachkräfte von negativen Auswirkungen auf ihr Wohlbefinden, beispielsweise in Form von Stress und Unzufriedenheit. Eine befragte Fachkraft zeigt auf: „Zeitdruck äußert sich bei mir oft in Form von erhöhtem Stressempfinden. Dieses kann sich auf den Klienten auswirken. Es leidet dann oft die Qualität, man wird schlampig oder reagiert gereizt/unangemessen." Eine andere Fachkraft erklärt: „Zeitdruck wirkt sich negativ auf meine persönliche Zufriedenheit aus. Wenn ich wenig bis keine Zeit hatte für meinen Klienten, ist das sehr unbefriedigend." Und eine weitere befragte Fachkraft resümiert: „Zeitdruck wirkt sich negativ aus. Man wird unzufrieden, wenn man das Gefühl hat, allem hinterherzuhetzen oder schier endlose Arbeitstage zu haben, damit man allem gerecht wird. Definitiv ein hohes Risiko für die psychische Gesundheit."

Negative Auswirkungen auf die Beziehung zu den Klient/innen

Viertens berichten die Fachkräfte von negativen Auswirkungen auf die Beziehung zu ihren Klient/innen. So legt eine befragte Fachkraft dar: „Indem die Jugendlichen zu kurz kommen, wir sie zu wenig einbinden und ihnen z.B. Anträge nicht vollständig erklären, weil uns hierfür die Zeit fehlt." Eine andere befragte Fachkraft ergänzt: „Unter Zeitdruck zu arbeiten, wirkt sich zumeist negativ auf die Beziehung zu der pädagogisch zu betreuenden Person aus."

In diesem Kontext wird Zeitdruck beispielsweise mit Blick auf die Individualisierung in der Arbeit mit Kindern und Jugendlichen als problematisch wahrgenommen. Eine befragte Fachkraft erläutert: „Es fehlt die Zeit für jeden einzelnen Jugendlichen, da wir für lange Einzelgespräche oft nicht die Zeit finden." Eine andere befragte Fachkraft ergänzt: „Durch den Zeitmangel ist es mir nicht möglich, mich allen Klienten zu widmen bzw. mit ihnen ausführlich zu sprechen. Es findet eher ein ‚Smalltalk' statt. Die Probleme können dann nicht wirklich angesprochen werden."

4. Umgang mit Zeit

Im Folgenden werden zwei Ansätze zum Umgang mit Zeit in der Sozialen Arbeit angesichts von Herausforderungen wie Zeitknappheit und Zeitdruck diskutiert. Dabei geht es erstens um den Begriff eines kompetenten Umgangs mit Zeit innerhalb der Strukturen (z.B. gesellschaftliche Zeitordnung) und zweitens um die Gestaltung dieser Strukturen durch zeitpolitisches Handeln (z.B. Partizipation an Entscheidungsprozessen), um daraus Konsequenzen für die Soziale Arbeit abzuleiten.

4.1 Zeitkompetenz

Der Begriff der Kompetenz wird im öffentlichen und wissenschaftlichen Diskurs inflationär verwendet und dabei mit unterschiedlichen Attributen wie Wissen, Kenntnisse, Fähigkeiten, Fertigkeiten, Einstellungen, Motivationen, Haltungen, Orientierungen verknüpft (vgl. Klieme/Hartig 2007). Dabei wird der Begriff der Kompetenz als Bewältigung von situativen Anforderungen in einer Domäne, wie etwa der Sozialen Arbeit, verstanden. Das kompetente Handeln basiert demnach auf dem Wissen, Können und der Haltung der handelnden Person und bezieht sich nicht nur auf den individuellen, sondern auch auf den sozialen Kontext des Handelns (z.B. die Konsequenzen des Handelns für andere). Einschlägig ist die Definition von Franz Emanuel Weinert, der Kompetenzen als „bei Individuen verfügbare oder durch sie erlernbare kognitive Fähigkeiten und Fertigkeiten, um bestimmte Probleme zu lösen, sowie die damit verbundenen motivationalen, volitionalen und sozialen Bereitschaften und Fähigkeiten, um die Problemlösungen in variablen Situationen erfolgreich und verantwortungsvoll nutzen zu können" bezeichnet (2001, 27).

In der Pädagogik gehört „Kompetenz“ zu den Schlüsselbegriffen. Es gibt sowohl in der Pädagogik im Allgemeinen als auch in der Sozialen Arbeit im Speziellen unterschiedliche Modelle, um kompetentes Handeln zu bestimmen (vgl. Braun 2020), wobei Braun für die Soziale Arbeit eine „nicht vorhandene theoretische Fundierung“ (ebd., 382) des Kompetenzbegriffs in der Domäne feststellt. In Anlehnung an den Pädagogen Heinrich Roth ist die Systematik aus den Dimensionen der Sach-, Selbst- und Sozialkompetenz weit verbreitet; in manchen Modellen um die Dimension der Methodenkompetenz erweitert. Während sich die Sachkompetenz auf den Umgang mit fachlichen Herausforderungen bezieht und daher in vielen Fällen auch als Fachkompetenz bezeichnet wird, geht es bei der Selbstkompetenz um den Umgang mit der eigenen Person und bei der Sozialkompetenz um den mit anderen Personen; die Methodenkompetenz zielt auf den Einsatz von Verfahren und Techniken ab, um bereichsspezifische Herausforderungen zu bewältigen. Mit Blick auf die Praxis wird in manchen Kompetenzmodellen der Begriff der beruflichen Handlungskompetenz, welcher die Dimensionen der Sach-, Selbst-, Sozial- und Methodenkompetenz umfasst, übergeordnet. Dabei wird der Fokus auf bereichsspezifisches berufliches Handeln bzw. den kompetenten Umgang mit beruflichen Situationen in spezifischen Bereichen wie etwa der Sozialen Arbeit gelegt.

So unterscheidet Maja Heiner (2010) in ihrem „Handlungskompetenzmodell“ einerseits das „Bereichsbezogene Kompetenzmuster“ mit den Dimensionen „Selbstkompetenz, Fallkompetenz, Systemkompetenz“ und andererseits das „Prozessbezogene Kompetenzmuster“ mit den Dimensionen „Planungs- und Analysekompetenz, Interaktions- und Kommunikationskompetenz, Reflexions- und Evaluationskompetenz“ (ebd.). Die beiden Kompetenzmuster werden beim beruflichen Handeln miteinander verknüpft und dabei aufeinander abgestimmt, um eine an die Situation angepasste

Handlungsstrategie entwickeln zu können. Der erste Fall weist auf die Notwendigkeit hin, dass es beim kompetenten Handeln sowohl auf die eigene Person als auch auf die Fähigkeit zur Bewältigung der Herausforderungen im Klienten- und Leistungssystem (Fall- und Sozialmanagement) ankommt. Der zweite Fall unterstreicht, dass dabei unterschiedliche Fähigkeiten gefragt sind, etwa das Planen und Analysieren, das Interagieren – insbesondere in Form von Kommunikation – sowie das Reflektieren und Evaluieren des eigenen Handelns, aber auch der Rahmenbedingungen, innerhalb derer es stattfindet.

Vor diesem Hintergrund bedarf es der Entwicklung eines „spezifischen Kompetenzverständnisses Sozialer Arbeit" (Braun 2020, 386), um das Wissen, Können und die berufliche Haltung in der Domäne noch genauer zu bestimmen – auch mit Blick auf einen kompetenten Umgang mit Zeit in der Praxis im Sinne einer Bewältigung zeitlicher Anforderungen (z.B. Zeitknappheit, Zeitdruck).

4.1.1 Zeitmanagement

Die – aufgrund der Vielzahl an sog. Zeitmanagement-Ratgebern am weitesten verbreitete – Definition von Zeitkompetenz folgt einem ökonomischen Verständnis von Zeit, das sich am Konzept des Zeitmanagements orientiert. Dabei fasst der Begriff unterschiedliche Methoden, Techniken und Verfahren zusammen, um Zeit – als ökonomisches Gut verhandelt („Zeit ist Geld") – nach einer Kosten-Nutzen-Rechnung zu verwalten, wie typische Redewendungen (z.B. „Zeit sparen", „Zeit investieren") belegen. Der Umgang mit Zeit erstreckt sich in diesem Kontext auf die zeitliche Organisation des Alltags im Berufs- oder Privatleben und reicht bis hin zum (zeitlich gedachten) Selbstmanagement als kompetenter Organisation der Lebenszeit. Dabei lassen sich im Zeitmanagement verschiedene Schwerpunkte unterscheiden: „Der Umgang mit Dringlichkeit und Wichtigkeit von Aufgaben findet ebenso Aufmerksamkeit wie deren Priorisierung und die Reduktion von Komplexität“ (Hatzelmann/Held 2010, 8). Typischerweise kommen dabei Methoden, Verfahren und Techniken wie das „Pareto-Prinzip“, das „Eisenhower-Modell“ oder die „ALPEN-Methode“ zur Anwendung.

Im Überblick unterscheiden Covey et al. (2000: 17–26 und 256–259) vier Generationen des Zeitmanagements: In der ersten Generation standen v.a. Gedächtnishilfen (z.B. Notizen), um den Umgang mit Zeit zu organisieren, im Mittelpunkt. In der zweiten Generation gewann die Terminplanung (z.B. Kalender) an Relevanz, um den Umgang mit Zeit effektiv und effizient zu gestalten. In der dritten Generation ging es schließlich um das Setzen von Zielen und Prioritäten (z.B. anhand von Dringlichkeit und Wichtigkeit sowie Kurz-, Mittel- und Langfristigkeit), um den Umgang mit Zeit optimal zu gestalten. In der vierten Generation legt man Wert auf die Orientierung an persönlichen Prinzipien bei der Planung, sodass das Zeitmanagement mehr und mehr auch zum ganzheitlichen Management des Berufs- und Privatlebens wird, das mehr Glück und Zufriedenheit in der Lebensführung bringen soll. Im Zuge dieser Entwicklung hat sich auch der Begriff der Zeitkompetenz verändert, weil nicht mehr (nur) der ökonomische Umgang mit Zeit im Zentrum steht, sondern auch die persönlichen Bedürfnisse und Interessen.

Resümierend sind in der Fachliteratur zum Zeitmanagement ganz unterschiedliche – subjektiv begründete (z.B. aus der Alltagspraxis oder Erfahrung heraus) – Kriterien für eine effektive und effiziente Nutzung von Zeit zu finden, sodass an dieser Stelle kein Überblick geleistet werden kann.

4.1.2 Sozialwissenschaftliche Definitionen

Alternative Definitionen, die Zeit nicht als ökonomische, sondern als soziale Ressource betrachten, finden sich in den Sozialwissenschaften. So versteht Volker Buddrus (1995, 90) Zeitkompetenz als „die selbst-bewusste, von relevanten Anderen anerkannt wahrgenommene Gestaltung von persönlicher und gruppenbezogener Zeit", und Renate Freericks definiert: „Zeitkompetenz bezeichnet die Fähigkeit und Bereitschaft des Einzelnen, selbstbestimmt und eigenverantwortlich die Lebenszeit zu gestalten" (1996, 46).

Elmar Hatzelmann und Martin Held folgen bei der Entwicklung ihres Modells der Zeitkompetenz (vgl. 2010) dem bereits genannten „Tutzinger Projekt zur Ökologie der Zeit" (vgl. Held/Geißler 1993). Die Autoren beschreiben ihre Sicht der Dinge wie folgt: „Der Tutzinger Ansatz zur Zeitkompetenz vollzieht einen Paradigmenwechsel: Er geht von Potenzialen aus und ist ein positiv formulierter Zugang, kompetent und souverän mit den Zeiten umgehen zu können" (Hatzelmann/Held 2010, 9). Einen kompetenten Umgang mit Zeit machen die Autoren an „der Zeitenvielfalt" sowie „dem Wissen darüber und Erfahrungen dazu, wie wir in Beruf, Familie und im sonstigen Privatleben damit umgehen können" (ebd., 16) fest. Vor diesem Hintergrund definieren sie: „Zeitkompetenz heißt, die Qualitäten der Zeit zu kennen und praktisch umzusetzen. Dabei geht es vor allem um angemessene Geschwindigkeiten, Rhythmen von Aktivität und Ruhe, Eigenzeiten, eigene Zeiten und Zeiten anderer (Zeitempathie), Naturzeiten und Kulturzeiten, Kairos und Aufmerksamkeit/Präsenz" (ebd., 9).

Eine weitere Definition von Zeitkompetenz orientiert sich am Prinzip der Nachhaltigkeit. Pascal Frank, Daniel Fischer und Claire Grauer erklären in einem Arbeitspapier zum Projekt ReZeitKon mit dem Schwerpunkt einer Bildung für nachhaltigen Konsum:

„Zeitgestaltungskompetenz bezeichnet die Fähigkeit des Einzelnen, selbstbestimmt und eigenverantwortlich die eigene Lebenszeit so zu gestalten (und damit auch die soziale Organisation von Zeit so mitzugestalten), dass die eigene Bedürfnisbefriedigung und die Bedürfnisbefriedigung anderer heute und in Zukunft lebender Menschen nicht gefährdet werden" (2020, 10). Dabei unterscheiden sie – mit dem Fokus auf Nachhaltigkeit – erstens „drei (sich überschneidende) Komponenten von Zeitgestaltungskompetenz", nämlich „Gewahrsein" (z.B. für eigene zeitliche Bedürfnisse und die von anderen in Gegenwart und Zukunft), „Handlungsfähigkeit" (z.B. individuelle und soziale Organisation von Zeit) und „Bereitschaft" (z.B. Verantwortung für die eigene Zeitnutzung übernehmen). Zweitens differenzieren sie „drei Ebenen von Zeitgestaltungskompetenz", nämlich „personale Zeitgestaltungskompetenz" (z.B. selbstbestimmte und eigenverantwortliche Gestaltung der Lebenszeit), „interpersonale Zeitgestaltungskompetenz" (z.B. Berücksichtigung der Bedürfnisse anderer) und „transpersonale Zeitgestaltungskompetenz" (z.B. Berücksichtigung der Bedürfnisse gegenwärtiger und zukünftiger Generationen).

Die Deutsche Gesellschaft für Zeitpolitik e.V. (DGfZP 2005) ordnet den Begriff als „Kompetenz zur Gestaltung des eigenen Lebenslaufs" im Sinne einer „Befähigung der Menschen zum ‚bewussten' Gebrauch ihrer Zeit – nach persönlichen Sinnkriterien, Interessen und Anforderungen" (ebd., 18) im Kontrast zum eben skizzierten Zeitmanagement in einen größeren Zusammenhang ein. Sie fordert: „Sowohl die Einzelnen als auch Gruppen müssten weitgehend das Recht erlangen, ihre Arbeitszeiten kurz- und langfristig zu planen, zu strukturieren und ohne Zeitnot zu meistern. Voraussetzung dafür sind wirkliche Verfügungsrechte über die Zeit und vor allem die Aneignung der Kompetenz zum bewussten, nachhaltigen Umgang mit der persönlichen Zeit" (ebd.,15). Dass dieser Kompetenzbegriff noch weiter geschärft werden muss, wird am Ende des Manifests betont: „Ob für diese Kompetenz ‚Zeitwohlstand' der richtige Begriff ist, der das ‚Haben' von Zeit thematisiert, oder ob ‚Zeitsouveränität' angemessen ist, der das ‚Meistern-Können' von Zeit betont, ist einer weiterführenden Reflexion wert" (ebd., 18).

Resümierend sind diese Definitionen für die Soziale Arbeit anschlussfähig, weil sie Zeit als soziale Ressource begreifen. Dabei zielen sie nicht auf ein Zeitmanagement im Sinne einer effizienten und effektiven Verwaltung von Zeit mittels ökonomisch orientierter Methoden, Verfahren und Techniken ab, sondern auf einen kompetenten Umgang mit Zeit, welcher die Zeitlichkeit von Mensch und Gesellschaft in den Mittelpunkt stellt. Dabei bezeichnet Zeitkompetenz die Fähigkeiten, Fertigkeiten und Bereitschaften, um mit Zeit bewusst, eigen- und sozialverantwortlich umzugehen (z.B. eigene Zeit, Zeit der Klient/innen, aber auch der Kolleg/innen). Dies schließt die Fähigkeiten, Fertigkeiten und Bereitschaften zur Analyse und Bewertung des Umgangs mit Zeit in Bezug auf die eigene Person (Selbstkompetenz), andere Personen (Sozialkompetenz) sowie fachliche Herausforderungen (Sachkompetenz) unter Anwendung von Verfahren und Techniken (Methodenkompetenz) im Kontext beruflichen Handelns mit ein. Im Kontext der Sozialen Arbeit bedeutet das beispielsweise, dass Fachkräfte in der Lage sind, berufliche Situationen, in denen Zeitknappheit oder Zeitdruck herrscht (z.B. in Bildungs- oder Beratungsprozessen), zu bewältigen oder die Eigenzeiten von Menschen (z.B. Fachkräfte, Adressat/innen) und Prozessen (z.B. Interaktion, Hilfe) zu respektieren und zu synchronisieren. Dieser Definitionsvorschlag ist im Kontext der Sozialen Arbeit aber noch weiterzuentwickeln.

4.2 Zeitpolitik

Zeitpolitik kann grundlegend als politische Gestaltung zeitlicher Bedingungen des Alltags (z.B. Lebenswelt) und des Zusammenlebens (z.B. Gesellschaft) verstanden werden. Dazu gehören beispielsweise Gesetze, welchen den Umgang mit Zeit im Arbeits- und Privatleben regeln (z.B. Arbeitszeiten, Elternzeit, Pflegezeit).

Die Deutsche Gesellschaft für Zeitpolitik e.V. versucht das Bewusstsein für die fundamentale Bedeutung von Zeit für Mensch und Gesellschaft zu stärken und Einfluss auf die allgemein verbindliche Gestaltung der gesellschaftlichen Zeitstrukturen zu nehmen. Die Gesellschaft fordert eine Institutionalisierung der Zeitpolitik als politische Querschnittsaufgabe und versucht den sozialwissenschaftlichen Diskurs um Zeit in den politischen Diskurs einzuspeisen (z.B. „Barcelona Declaration on Time Policies"). Wie Ulrich Mückenberger, ehemaliger Vorstand und Gründungsmitglied der Gesellschaft, erklärt, geht es Zeitpolitik um „Zeitaspekte problematischer Wechselbeziehungen zwischen Individuellem und Gesellschaftlichem, um das Ineinandergreifen von zeitlichen Handlungsmöglichkeiten und Befindlichkeiten von Menschen mit sozialen Umständen und Verhältnissen. Problematisch wird das Individuum-Gesellschaft-Verhältnis zum einen, wenn gesellschaftliche Zeiten die Rhythmen und Tempi der menschlichen und der äußeren Natur ignorieren, und zum anderen, wenn verfestigte gesellschaftliche Zeitordnungen mit individuellen Zeitbedarfen von Menschen nicht zusammenpassen" (Mückenberger 2022, 6). Dem liegt ein spezifisches Verständnis von (Zeit-)Politik zugrunde, wie Mückenberger präzisiert: „Von ‚Zeitpolitik' im engeren Sinne sprechen wir dann, wenn bewusst öffentlich und partizipativ Einfluss genommen wird auf die zeitlichen Bedingungen und/ oder Wirkungen der politischen, wirtschaftlichen und insbesondere lebensweltlichen Bedingungen der menschlichen Existenz, und zwar vor allem dort, wo das Alltagsleben sich abspielt: im nahräumlichen lokalen/regionalen Bereich. Vor allem das partizipative Element unterscheidet demokratische Zeitpolitik von traditionellen Veränderungen der gesellschaftlichen Zeitordnung (etwa die Durchsetzung der Normalzeit, die Veränderung der Arbeitszeiten, der Schulzeiten usw.)" (ebd.).

Vor diesem Hintergrund ist eine zentrale Forderung der DGfZP das „Recht auf Eigenzeit" (DGfZP 2005), das nicht nur auf deutscher, sondern auch auf europäischer Ebene institutionell verankert werden soll (z.B. „Memorandum zum Recht auf Eigenzeit", vgl. DGfZP 2022). Das Recht auf Eigenzeit besteht nach Mückenberger aus zwei Dimensionen: „Der erste Bestandteil beinhaltet die Berechtigung, legitime eigene zeitliche Belange bei Entscheidungsprozessen berücksichtigt zu sehen" (Mückenberger 2009, 2.). Dazu formuliert er „fünf Gebote: 1. Der individuelle oder kollektive Zeitgebrauch darf nicht fremdbestimmt werden. 2. Er darf nicht systematisch entwertet werden. 3. Er darf nicht mit Diskriminierung einhergehen. 4. Individuen und Gruppen muss positiv die Möglichkeit zu selbst gewähltem kulturellem Eigenwert ihrer Lebenszeit ermöglicht werden. 5. Ihnen müssen Spielräume gemeinsamer Zeiten offenstehen." Ferner führt Mückenberger aus: „Der zweite Bestandteil des Rechts auf eigene Zeit verlangt gesellschaftliche Vorkehrungen, die selbstbestimmten Zeitgebrauch erlauben. Um die alltägliche Zeit ‚freier' zu gestalten, braucht man Infrastrukturen – wie Verkehrsmittel, Kultur- und Sozialeinrichtungen, Kindertagesstätten usw." (ebd.).

5. Konsequenzen für die Soziale Arbeit

Abschließend gibt es also gute Gründe, um die Annahme, dass Zeitdruck in der Sozialen Arbeit herrscht, der gesellschaftlich bedingt ist und für viele, aber nicht alle Fachkräfte zum Berufsalltag gehört, zu bestätigen:

Mittels der diskutierten theoretischen Perspektiven kann ein Bewusstsein für die Bedeutung von Zeit für die Soziale Arbeit in der Praxis geschaffen werden. So können berufliches Handeln im Allgemeinen, aber auch Bildung und Beratung im Speziellen, als Prozesse betrachtet werden, die Zeit brauchen. Dabei wird die Zeitlichkeit des beruflichen Handelns in Gestalt der Prozeduralität sichtbar und kann anhand von Zeitkategorien, wie etwa Chronos, Kairos, Eigenzeit, Dauer, Geschwindigkeit, Linearität oder Zyklizität näher beschrieben werden. Die Theorie der Beschleunigung liefert eine Erklärung für die Verknappung der zeitlichen Ressourcen in der Arbeitswelt im Allgemeinen und der Sozialen Arbeit im Speziellen. Dabei können generelle Zeitknappheit und Zeitdruck auf strukturelle Veränderungen der Gesellschaft und der Arbeitswelt zurückgeführt werden, die sich auf das berufliche Handeln im Kontext der Sozialen Arbeit auswirken. Diese zeitlichen Herausforderungen sind aber in der Praxis schwer zu greifen. Zeitknappheit und Zeitdruck manifestieren sich als subjektive Empfindungen und können anhand objektiver Kriterien nicht oder nur sehr eingeschränkt gemessen werden (z.B. mittels Zeitbudgetstudien), weil beispielsweise der Vergleich der Arbeitszeit oder der Mehrarbeit allein wenig aussagekräftig ist. So lässt sich die Frage, ob und wie sich die Soziale Arbeit beschleunigt, nicht ohne Weiteres beantworten. An dieser Stelle besteht also noch deutlicher Forschungsbedarf, um sich diesen Phänomenen aus der Perspektive der Praxis anzunähern.

Mittels der diskutierten empirischen Perspektiven kann belegt werden, dass Fachkräfte der Sozialen Arbeit mit Zeitknappheit und Zeitdruck konfrontiert werden. Hier sprechen die Ergebnisse der Untersuchungen zu den Arbeitsbedingungen und Arbeitsbelastungen in sozialen (Dienstleistungs-)Berufen und in der Sozialen Arbeit sowie die beiden Studien des Autors dieser Ausgabe der Reihe „Soziale Arbeit kontrovers" eine deutliche Sprache. In diesem Kontext können Erscheinungsformen, Ursachen und Folgen des Zeitdrucks skizziert werden. So unterstreichen die befragten Fachkräfte die Bedeutung von Zeit für ihr pädagogisches Handeln: beispielsweise als relevanter Faktor für Qualität, Beziehungsarbeit und Gespräche, Konflikt- oder Krisensituationen. Als Ursachen dieser zeitlichen Belastungen sehen sie beispielsweise (zu) wenig Personal, (zu) viele Aufgaben oder Projekte, die gleichzeitig oder ungeplant zu erledigen sind, (zu) kurze Fristen für die Erledigung dieser Aufgaben oder Projekte sowie (zu) viele Störungen und Unterbrechungen, während sie daran arbeiten. Die genannten Folgen dieser zeitlichen Belastungen sind ebenfalls diskussionswürdig: beispielsweise Fehler, Mehrarbeit oder Unzufriedenheit mit sich selbst oder dem Umgang mit den Kindern und Jugendlichen.

Die diskutierten Perspektiven vermitteln einen vertieften Eindruck von den zeitlichen Herausforderungen beruflichen Handelns, welche die Fachkräfte bewältigen müssen. Dies betrifft beispielsweise Situationen, in welchen die Zeit (zu) knapp bemessen ist und die Fachkräfte folgenschwere Entscheidungen unter Zeitdruck treffen müssen, etwa für oder gegen eine Intervention bei einer Krise. Solche schwierigen Situationen werden noch zusätzlich dadurch verschärft, dass pädagogisches Handeln (z.B. Bildung und Beratung) als ergebnisoffener Prozess gilt, wie das „Technologiedefizit" (Luhmann/Schorr 1982) unterstreicht. So kann die Fachkraft beispielsweise weder genau wissen, wann der richtige Moment für eine Intervention gekommen ist, noch, wann genau das Resultat sichtbar sein wird. Vor diesem Hintergrund erscheint eine Sensibilisierung der Fachkräfte der Sozialen Arbeit für die Bedeutung von Zeit im Berufsalltag im Rahmen der Aus-, Fort- und Weiterbildung (z.B. Coaching, Supervision, Intervision, kollegiale Fallberatung) sinnvoll, um einen kompetenten Umgang mit Zeit so weit wie möglich zu fördern. So heben auch Henn et al. (2017, 49) „die hohe Bedeutsamkeit von Zeiträumen für Reflexion und kollegialen Austausch für (sozial-)pädagogische Berufe, um konstruktive Wege des Umgangs mit Konflikten und Widersprüchen zu finden“, hervor.

Es ist – das soll an dieser Stelle noch einmal betont werden – keine Lösung, die Fachkräfte durch Zeitmanagement, das einem ökonomischen Verständnis von Zeit folgt, zu einem effizienten und effektiven Umgang mit Zeit zu befähigen, um die Zeitknappheit und den Zeitdruck (besser) zu verwalten, weil einerseits dadurch die Zeitprobleme und Zeitkonflikte individualisiert werden und andererseits die Arbeitsbedingungen und Arbeitsbelastungen nicht nachhaltig verändert werden. Vor diesem Hintergrund besteht ein möglicher Ansatz darin, die Fachkräfte zu einem bewussten, eigen- und sozialverantwortlichen Umgang mit Zeit zu befähigen, der nicht ökonomischen, sondern sozialen Kriterien folgt. Dies beinhaltet beispielsweise das Wissen über Zeit sowie die Fähigkeiten, Fertigkeiten und Bereitschaften, um die Zeitstrukturen und den Umgang mit Zeit in der Gesellschaft, aber auch beim Träger oder der Einrichtung kritisch zu reflektieren und – so weit wie möglich – durch Partizipation an betrieblichen Entscheidungsprozessen mitzugestalten. Ein zweiter möglicher Ansatz ist notwendigerweise ein politischer, der Zeit als Gegenstand konfligierender Interessen versteht, der gesellschaftlich verhandelbar ist. So argumentieren Hosemann/Geiling (2005, 99): „Ein Ansatzpunkt für die Soziale Arbeit besteht darin, Adressaten in der Synchronisation verschiedener zeitlicher Anforderungen zu unterstützen. Dies kann durch eine direkte zeitliche Entlastung (zum Beispiel flexible Öffnungszeiten im Kinderhort), eine Beratung hinsichtlich der zukünftigen Zeitgestaltung, oder auch auf politischer Ebene durch die Offenlegung von zeitlichen Konflikten geschehen (zum Beispiel im Rahmen der Sozialplanung)." Aus den genannten Gründen stellt sich für die Soziale Arbeit als (zeit-)politische Akteurin in der Demokratie, die zwischen Mensch, Gesellschaft und Sozialstaat agieren will, die Frage nach der Gestaltung der Zeitstrukturen, um angesichts der Ökonomisierung und Beschleunigung der Gesellschaft – und damit auch der Sozialen Arbeit selbst – eine Verbesserung der zeitlichen Rahmenbedingungen der Fachkräfte zu erreichen. Ein solches Selbstverständnis der Sozialen Arbeit als politische Akteurin spiegelt sich erstens in Theorien der Sozialen Arbeit wider, welche die Soziale Arbeit als Handlungswissenschaft für eine politische Praxis beschreiben. So lassen sich theoretisch-konzeptionelle Ansätze ausmachen, welche die Veränderung der gesellschaftlichen Verhältnisse und Lösung sozialer Probleme fokussieren. Zweitens lässt es sich in Methoden und Konzepten ausmachen, die einerseits das Empowerment der Adressat/innen im Sinne einer Lebensbewältigung und Veränderung der Lebensverhältnisse fördern und andererseits die Strukturen in Gesellschaft, Politik und Demokratie – aber auch in der Sozialen Arbeit selbst – verändern wollen. Dies betrifft beispielsweise die Gemeinwesenarbeit, Sozialraumorientierung oder Lebensweltorientierung.

Resümierend ist die Soziale Arbeit aufgefordert, zeitpolitisch zu handeln, also sich an der Gestaltung der allgemein verbindlichen Regeln, beispielsweise an zeitpolitischen Entscheidungsprozessen, zu beteiligen. So kann sich die Soziale Arbeit mit dem „widersprüchlichen oder spannungsvollen Verhältnis von Individuum und Gesellschaft" (Sünker 2012, 250) auseinandersetzen und dabei die „temporale Divergenz zwischen der ökonomischen und der pädagogischen Struktur" (Schmidt-Lauff 2020, 214) als

Herausforderung begreifen. Beispielsweise können die zeitlichen Bedingungen von Bildung und Beratung zum Gegenstand der Reflexion und Gestaltung gemacht werden. Dabei könnten zunächst die zeitlichen Bedingungen von Angeboten und Einrichtungen der Sozialen Arbeit daraufhin überprüft werden, ob Zeiträume für die Bildung oder Beratung der Adressat/innen vorhanden sind. In Abhängigkeit davon könnte die Soziale Arbeit dann Orte im Kontext von Bildungs- und Beratungsprozessen schaffen, auf- oder ausbauen, um Momente von Kritik, Emanzipation oder Befähigung zu ermöglichen.

Anschlussfähig wäre in diesem Kontext das sozialwissenschaftliche Konzept des Zeitwohlstands (vgl. Konzeptwerk Neue Ökonomie 2013), das unter anderem die freie und selbstbestimmte Verfügung über Zeit sowie die sinnvolle Nutzung dieser Zeit unter zeitgerechten Bedingungen, die von der Gesellschaft, aber auch den Organisationen und Kostenträgern selbst geschaffen oder gewährleistet werden müssen, fokussiert. Die DGfZP erläutert: „Für Wohlstand gibt es in der modernen Arbeitsgesellschaft zwei Währungen: Geld und Zeit. Diese sind in begrenztem Umfang austauschbar. Freie Zeit ohne ökonomische Zwänge ist eine unverzichtbare Voraussetzung für die Selbstverwirklichung der Menschen. Der individuelle Zeitwohlstand gibt konkrete Auskunft über die kulturelle Entwicklung und den Fortschritt in der Gesellschaft, und erst am Grad ihrer Zeitsouveränität zeigt sich, wie weit die Menschen ihr Leben wirklich ‚meistern' können" (DGfZP 2005, 5). Insbesondere die eben genannte Zeitsouveränität wäre eine notwendige Bedingung dafür, dass ein kompetenter Umgang mit Zeit erlernbar ist. Somit ist und bleibt es wichtig, dass die Soziale Arbeit an die Debatten um Zeit in Gesellschaft und Wissenschaft anschließt und versucht, an der Gestaltung der zeitlichen Rahmenbedingungen durch zeitpolitisches Handeln mitzuwirken. Die zeitlichen Arbeitsbedingungen und Arbeitsbelastungen sind nämlich längst nicht mehr nur Gegenstand gesellschaftlicher und wissenschaftlicher, sondern auch politischer Debatten (vgl. Deutscher Bundestag 2019), was die Wichtigkeit dieser Problemstellung unterstreicht.

Schließlich stellt sich für Arbeitgeber (z.B. Träger oder Einrichtungen) der Sozialen Arbeit sowie die Soziale Arbeit als Profession bzw. Berufsverbände und Gewerkschaften, die für gute bzw. bessere Arbeitsbedingungen kämpfen, die Frage, wie die Soziale Arbeit attraktiv bleiben oder (wieder) attraktiver werden kann. Diese Frage verschärft sich durch den Fachkräftemangel einerseits und den demografischen Wandel andererseits, der dazu führt, dass einer geringer werdenden Anzahl an Fachkräften eine größer werdende Anzahl an älteren oder alten Menschen gegenübersteht, die auf Angebote der Sozialen Arbeit angewiesen sind. Nach Henn et al. (2017, 11), welche die „Arbeitsbedingungen als Ausdruck gesellschaftlicher Anerkennung Sozialer Arbeit" betrachten, können „die Beschäftigungsverhältnisse der Fachkräfte ... als Gradmesser dafür erachtet werden, welchen Wert eine Gesellschaft den Leistungen der Sozialen Arbeit beimisst". Vor diesem Hintergrund führen die beschriebenen zeitlichen Herausforderungen bzw. daraus resultierenden Arbeitsbedingungen und Arbeitsbelastungen – angesichts der von vielen Fachkräften, aber auch Fachverbänden ohnehin schon als defizitär empfundenen gesellschaftlichen Wertschätzung der Sozialen Arbeit – aller Wahrscheinlichkeit nach eher zu einer Verschärfung als zu einer Entspannung der Personalsituation. Wie hoch bzw. niedrig die Anerkennung bzw. Wertschätzung der Sozialen Arbeit seitens der Gesellschaft ausfällt, wurde jüngst im Kontext der COVID-19-Pandemie deutlich (z.B. Debatte um die Systemrelevanz der Sozialen Arbeit). Erschwerend hinzu kommt, dass Fachkräfte im Berufsalltag in einem zeitlichen Dilemma stecken: Sie brauchen Zeit für Bildung oder Beratung, haben davon aber in der Regel zu wenig. Dieses Dilemma ist in den meisten Fällen direkt oder indirekt mit der Frage der Finanzierung verknüpft: Wäre beispielsweise der Personalschlüssel großzügiger bemessen, wäre auch eine großzügigere Aufwendung von Zeit (z.B. im Sinne einer individuellen Zuwendung) möglich. Aufgrund von Zeitknappheit und Zeitdrück müssen sich die Fachkräfte aber anderer Handlungsstrategien im Umgang mit Zeit bedienen. So stellen Henn et al. 2017 fest „dass jede*r zweite Sozialarbeiter*in angibt, oft bzw. sehr häufig das erwartete Arbeitspensum nur mit Qualitätsabstrichen leisten zu können. Unter dieser Bedingung wird die Möglichkeit der eigenständigen Arbeitsorganisation ad absurdum geführt, weil dann lediglich der (Zeit-)Mangel selbst verwaltet werden kann und Priorisierungen erforderlich sind, die einer Orientierung am Wohl der Adressat*innen entgegenstehen" (ebd., 50). Daher fordern die Autorinnen (ebd.), „die organisationalen Rahmenbedingungen zu verändern, etwa indem Arbeitsdichte reduziert, offene Diskussions- und Reflexionsräume geschaffen und Fortbildungsbedarfe aktiv unterstützt werden."

Somit bleibt mit Blick auf die fortschreitende Ökonomisierung der Gesellschaft (vgl. Buestrich/Wohlfahrt 2008) also abzuwarten, wie zeitlich abhängig oder unabhängig die Soziale Arbeit soziale Dienstleistungen, wie etwa Bildung und Beratung, die in die Kosten-Nutzen-Kalküle der Organisationen und Kostenträger eingebettet sind, erbringen kann. So fragen Hosemann/Geiling (2005, 100) stellvertretend: „Wie autonom kann Soziale Arbeit über ihre zeitlichen Ressourcen verfügen? Muss sie sich den Zeitrhythmen der Geldgeber anpassen oder stehen ihr bedarfsgerechte Zeitkontingente zur Verfügung?" Diesen und anderen (zeitlichen) Fragen muss sich die Soziale Arbeit in Gegenwart und Zukunft stellen.

Literatur

Abbott, Andrew/Hoebel, Thomas/Knöbl, Wolfgang/Sahr, Aaron (2020): Zeit zählt. Grundzüge einer prozessualen Soziologie, Hamburg.

Baier, Lothar (2000): Keine Zeit! 18 Versuche über die Beschleunigung, München.

Bardmann, Theodor M./Gerhard, Anette (1997): Zeit und systemische Praxis, in: Bardmann, Theodor M. (1997): Unterscheide! Konstruktivistische Perspektiven in Theorie und Praxis, Aachen, S. 47–76.

Bauknecht, Jürgen/Wesselborg, Bärbel (2022): Psychische Erschöpfung in sozialen Interaktionsberufen von 2006 bis 2018, in: Prävention und Gesundheitsförderung, 17, S. 328–335.

Belardi, Nando (2017): Beratung, in: Kreft, Dieter/Mielenz, Ingrid (Hrsg.): Wörterbuch Soziale Arbeit. Aufgaben, Praxisfelder, Begriffe und Methoden der Sozialarbeit und Sozialpädagogik, 8. Auflage, Weinheim u.a., S. 177–179.

Bergmann, Werner (1983): Das Problem der Zeit in der Soziologie: ein Literaturüberblick zum Stand der „zeitsoziologischen" Theorie und Forschung, in: Kölner Zeitschrift für Soziologie und Sozialpsychologie, 35, S. 462–504.

Bergson, Henri (2015): Dauer und Gleichzeitigkeit. Über Einsteins Relativitätstheorie. Deutsche Erstübersetzung aus dem Französischen von Andris Breitling. Mit einer Einleitung von Christina Vagt und einem Kommentar von Andris Breitling, Hamburg.

Böhnisch, Lothar (2012): Lebensbewältigung, in: Thole, Werner (Hrsg.): Grundriss Soziale Arbeit. Ein einführendes Handbuch, 4. Auflage, Wiesbaden, S. 219–233.

Braun, Jan (2020): Soziale Arbeit und Kompetenz. Kompetenz als Kategorie, Grundlage und Ziel professionellen sozialarbeiterischen Handelns, Hamburg.

Buddrus, Volker (1995): Zeitkompetenz – Skizze eines Trainingskonzepts, in: Spektrum Freizeit, 17, S. 86–106.

Buestrich, Michael/Wohlfahrt, Norbert (2008): Die Ökonomisierung der Sozialen Arbeit, in: APuZ – Aus Politik und Zeitgeschichte, 12–13, S. 17–24.

Covey, Stephen R./Merrill A. Roger/Merrill Rebecca R. (2000): Der Weg zum Wesentlichen. Zeitmanagement der vierten Generation, Frankfurt am Main/New York.

Dathe, Dietmar/Paul, Franziska/Stuth, Stefan (2012): Soziale Dienstleistungen: Steigende Arbeitslast trotz Personalzuwachs, in: WZBrief Arbeit, 12, S. 1–5.

Deutscher Bundestag (2019): Zeitsouveränität, Arbeitszeitflexibilisierung und Entgrenzung. Antwort der Bundesregierung auf die Kleine Anfrage der Abgeordneten Jessica Tatti, Susanne Ferschl, Matthias W. Birkwald, weiterer Abgeordneter und der Fraktion DIE LINKE, Drucksache 19/11469, 10. Juli 2019, Berlin.

DGfZP (Deutsche Gesellschaft für Zeitpolitik) (2005): Zeit ist Leben. Manifest der Deutschen Gesellschaft für Zeitpolitik, Berlin/Bremen.

DGfZP (Deutsche Gesellschaft für Zeitpolitik) (2022): 20 Jahre DGfZP. Zeitpolitisches Magazin der DGfZP, 41.

Dörpinghaus, Andreas/Uphoff, Ina Katharina (2012): Die Abschaffung der Zeit. Wie man Bildung erfolgreich verhindert, Darmstadt.

Elias, Norbert (1988): Über die Zeit, Frankfurt am Main.

Frank, Pascal/Fischer, Daniel/Grauer, Claire (2020): Zeitgestaltungskompetenz – Arbeitspapier im Forschungsprojekt ReZeitKon Teilprojekt C: Bildung für nachhaltigen Konsum. DOI: 10.13140/RG.2.2.17988.24962

Freericks, Renate (1996): Zeitkompetenz. Ein Beitrag zur theoretischen Grundlegung der Freizeitpädagogik, Baltmannsweiler.

Gendolla, Peter/Schulte, Dietmar (Hrsg.) (2012): Was ist die Zeit? Paderborn.

Haan, Gerhard de (1996): Die Zeit in der Pädagogik. Vermittlungen zwischen der Fülle der Welt und der Kürze des Lebens, Weinheim u.a.

Hatzelmann, Elmar/Held, Martin (2010): Vom Zeitmanagement zur Zeitkompetenz. Das Übungsbuch für Berater, Trainer, Lehrer und alle, die ihre Zeitqualität erhöhen möchten, Weinheim/Basel.

Heiner, Maja (2010): Kompetent handeln in der Sozialen Arbeit, München.

Held, Martin/Geißler, Karlheinz A. (Hrsg.) (1993): Ökologie der Zeit. Vom Finden der rechten Zeitmaße, Stuttgart.

Henn, Sarah/Lochner, Barbara/Meiner-Teubner, Christiane, unter Mitarbeit von Eva Strunz (2017): Arbeitsbedingungen als Ausdruck gesellschaftlicher Anerkennung Sozialer Arbeit, Gewerkschaft Erziehung und Wissenschaft (GEW), Frankfurt am Main.

Herrmann, Annett (2009): Geordnete Zeiten? Grundlagen einer integrativen Zeittheorie, Münster.

Hielscher, Volker/Nock, Lukas/Kirchen-Peters, Sabine/Blass, Kerstin (2013): Zwischen Kosten und Anspruch. Das alltägliche Dilemma sozialer Dienstleistungsarbeit, Wiesbaden.

Hosemann, Wolfgang/Geiling, Wolfgang (2005): Einführung in die systemische Soziale Arbeit, Freiburg im Breisgau.

Institut DGB-Index Gute Arbeit (2015): Der Report 2015. Wie die Beschäftigten die Arbeitsbedingungen in Deutschland beurteilen. Mit dem Themenschwerpunkt: Multitasking, unzureichende Personalausstattung, Arbeit ohne Pause – Profilmerkmale der Arbeitshetze, Dezember 2015.

Iller, Carola (2020): Flexibilisierung, in: Schinkel, Sebastian/Hösel, Fanny/Köhler, Sina-Mareen/König, Alexandra/Schilling, Elisabeth/Schreiber, Julia/Soremski, Regina/Zschach, Maren (Hrsg.): Zeit im Lebensverlauf – Ein Glossar, Bielefeld, S. 129–134.

King, Vera/Gerisch, Benigna (Hrsg.) (2009): Zeitgewinn und Selbstverlust. Folgen und Grenzen der Beschleunigung, Frankfurt am Main.

Klieme, Eckhard/Hartig, Johannes (2007): Kompetenzkonzepte in den Sozialwissenschaften und im erziehungswissenschaftlichen Diskurs, in: Zeitschrift für Erziehungswissenschaft, Sonderheft 8, S. 11–29.

Klünder, Nina (2021): Zeit, in: Amthor, Ralph-Christian/Goldberg, Brigitta/Hansbauer, Peter/Landes, Benjamin/Wintergerst, Theresia (Hrsg.): Kreft/Mielenz Wörterbuch Soziale Arbeit, 9., überarbeitete Auflage, Weinheim/Basel, S. 997–998.

Koller, Hans-Christoph (2012): Bildung anders denken. Einführung in die Theorie transformatorischer Bildungsprozesse, Stuttgart.

Konzeptwerk Neue Ökonomie (Hrsg.) (2013): Zeitwohlstand. Wie wir anders arbeiten, nachhaltig wirtschaften und besser leben, München.

Kroll, Lars Eric/Müters, Stephan/Dragano, Nico (2011): Gesundheit: Zeitdruck belastet viele Beschäftigte, in: Boecklerimpuls, 12.

Lambers, Helmut (2018): Theorien der Sozialen Arbeit. Ein Kompendium und Vergleich. 4., überarbeitete und erweiterte Auflage, Stuttgart.

Lenz, Hans (2005): Universalgeschichte der Zeit, Wiesbaden.

Lippitt, Gordon/Lippitt, Ronald (2012): Beratung als Prozess. Was Berater und ihre Kunden wissen sollten, 4. Auflage, Wiesbaden.

Luhmann, Niklas/Schorr, Karl Eberhard (1982): Das Technologiedefizit der Erziehung und die Pädagogik, in: Luhmann, Niklas/Schorr, Karl Eberhard (Hrsg.): Zwischen Technologie und Selbstreferenz. Fragen an die Pädagogik, Stuttgart, S. 11–41.

Mackroth, Petra (2022): Zeitpolitik, in: Deutscher Verein für öffentliche und private Fürsorge e.V. (Hrsg.) (2022): Fachlexikon der Sozialen Arbeit, 9., vollständig überarbeitete und aktualisierte Auflage, Baden-Baden, S. 999–1000.

Mollenhauer, Klaus (1981): Die Zeit in Erziehungs- und Bildungsprozessen – Annäherungen an eine bildungstheoretische Fragestellung, in: Die Deutsche Schule, 73, S. 68–78.

Morgenroth, Olaf (2008): Zeit und Handeln. Psychologie der Zeitbewältigung, Stuttgart.

Mückenberger, Ulrich (2022): Das Recht auf Zeit. Zeitpolitische Bedingungen für eine gerechte und nachhaltige Politik für Männer und Frauen, in: Zeitpolitisches Magazin, 41, S. 6–9.

Mückenbeger, Ulrich (2009): Das Recht auf eigene Zeit, in: Zeitpolitisches Magazin, 14, S. 2–3.

Müller-Wichmann, Christiane (2017): Zeit, in: Kreft, Dieter/Mielenz, Ingrid (Hrsg.): Wörterbuch Soziale Arbeit. Aufgaben, Praxisfelder, Begriffe und Methoden der Sozialarbeit und Sozialpädagogik, 8., vollständig überarbeitete und aktualisierte Auflage, Weinheim/Basel, S. 1105–1110.

Aufgaben, Praxisfelder, Begriffe und Methoden der Sozialarbeit und Sozialpädagogik, 8., vollständig überarbeitete und aktualisierte Auflage, Weinheim/Basel, S. 1105–1110.

Nassehi, Armin (2008). Die Zeit der Gesellschaft. Auf dem Weg zu einer soziologischen Theorie der Zeit. Neuauflage mit einem Beitrag „Gegenwarten", Wiesbaden.

Nestmann, Frank/Sickendiek, Ursel (2018): Beratung, in: Otto, Hans-Uwe/Thiersch, Hans/Treptow, Rainer/Ziegler, Holger (Hrsg.): Handbuch Soziale Arbeit, 6., überarbeitete Auflage, München, S. 110–120.

Nowotny, Helga (1989): Eigenzeit. Entstehung und Strukturierung eines Zeitgefühls, 2. Auflage, Frankfurt am Main.

Reckwitz, Andreas (2020): Zeitoptimierung und „Flow". Zeit in soziologischer Perspektive, in: Forschung und Lehre, 12, S. 986–987.

Reheis, Fritz (2012): Entschleunigung, in: Fischer, Ernst P./Wiegandt, Klaus (Hrsg.): Dimensionen der Zeit. Die Entschleunigung unseres Lebens, Frankfurt am Main, S. 213–226.

Rosa, Hartmut (2005): Beschleunigung. Die Veränderung der Zeitstrukturen in der Moderne, Frankfurt am Main.

Rosa, Hartmut (2020): Beschleunigung, in: Schinkel, Sebastian/Hösel, Fanny/Köhler, Sina-Mareen/König, Alexandra/Schilling, Elisabeth/Schreiber, Julia/Soremski, Regina/Zschach, Maren (Hrsg.): Zeit im Lebensverlauf – Ein Glossar, Bielefeld, S. 61–65.

Schmidt-Lauff, Sabine (2012): Grundüberlegungen zu Zeit und Bildung, in: Schmidt-Lauff, Sabine (Hrsg.): Zeit und Bildung. Annäherung an eine zeittheoretische Grundlegung, Münster, S. 11–60.

Schmidt-Lauff, Sabine (2020): Bildung, in: Schinkel, Sebastian/Hösel, Fanny/Köhler, Sina-Mareen/König, Alexandra/Schilling, Elisabeth/Schreiber, Julia/Soremski, Regina/Zschach, Maren (Hrsg.): Zeit im Lebensverlauf – Ein Glossar, Bielefeld, S. 67–72.

Schönbächler, Marie-Theres/Becker, Rolf/Hollenstein, Armin/Osterwalder, Fritz (Hrsg.) (2010): Die Zeit der Pädagogik. Zeitperspektiven im erziehungswissenschaftlichen Diskurs, Bern.

Sünker, Heinz (2012): Soziale Arbeit und Bildung, in: Thole, Werner (Hrsg.): Grundriss Soziale Arbeit. Ein einführendes Handbuch, 4. Auflage, Wiesbaden, S. 249–266.

Weinert, Franz E. (2001): Vergleichende Leistungsmessung in Schulen – eine umstrittene Selbstverständlichkeit, in: Weinert, Franz E. (Hrsg.): Leistungsmessungen in Schulen, Weinheim/Basel, S. 17–32.

Winkler, Michael (2006): Kleine Skizze einer revidierten Theorie der Sozialpädagogik, in: Badawia, Tarek/Luckas, Helga/Müller, Heinz (Hrsg.): Das Soziale gestalten. Über Mögliches und Unmögliches der Sozialpädagogik, Wiesbaden, S. 55–80.

Zeiher, Helga/Schroeder, Susanne (Hrsg.) (2008): Schulzeiten, Lernzeiten, Lebenszeiten. Pädagogische Konsequenzen und zeitpolitische Perspektiven schulischer Zeitordnungen, Weinheim/München.

Zum Weiterlesen:

Kommunale Zeitpolitik für Familien
Ansätze, Erfahrungen und Möglichkeiten der Praxis
Von Johanna Possinger
2011, 44 Seiten, kart., 9,20 €, für Mitglieder des Deutschen Vereins 7,10 €
ISBN 978-3-7841-2024-9

Familienbewusste Unternehmensführung lohnt sich
Ein Leitfaden für Unternehmen und Mitarbeiter der Caritas
Von Beatrix Vogt-Wuchter
Oktober 2013, 250 Seiten, kart., ca. 20,00 €
ISBN 978-3-7841-2066-9

Empfehlungen des Deutschen Vereins zur lokalen Familienzeitpolitik vom 11. Juni 2013
http://www.deutscher-verein.de/05-empfehlungen

Vereinbarkeit von Beruf, Familie und Pflege – eine Frage der Zeit?
Archiv für Wissenschaft und Praxis der Sozialen Arbeit Nr. 2/2016
96 Seiten, kart., 14,50 €, für Mitglieder des Deutschen Vereins: 10,70 €
ISBN 978-3-7841-2920-4

Das Optionszeiten-Modell – ein neuer Impuls für „atmende Lebensläufe"
Von Karin Jurczyk, Ulrich Mückenberger, Shih-cheng Lien, Martina Heitkötter
In: Nachrichtendienst des Deutschen Vereins 3/2020, S. 107–112.
https://www.deutscher-verein.de/de/material-sak30

Kommunale Familienzeitpolitik in Aachen – ein Porträt
Von Alexandra Krause
In: Nachrichtendienst des Deutschen Vereins 4/2015, S. 183–186.
https://www.deutscher-verein.de/de/material-sak30

Bestellen Sie versandkostenfrei in unseren Online-Buchshops:
www.verlag.deutscher-verein.de
www.lambertus.de

Fachlexikon der Sozialen Arbeit

9. Auflage 2022, 1.096 Seiten, kart., 49,00 Euro, für Mitglieder des Deutschen Vereins 39,00 Euro
ISBN 978-3-8487-7131-8

Das Fachlexikon ist das Standardwerk für die Soziale Arbeit. In rund 1.500 Stichwörtern umfasst die Neuauflage das gesamte Fachwissen für Studium, Wissenschaft und Praxis. 670 Expertinnen und Experten informieren über den aktuellen Stand der Entwicklungen und Diskurse in der Sozialen Arbeit, der Sozialpolitik, im Sozialrecht und in den Bezugswissenschaften. Das Fachlexikon bietet erste Orientierung, vermittelt Grundlagenwissen und ermöglicht eine vertiefte Recherche zu allen Bereichen der Sozialen Arbeit – kompakt und kompetent.

Bestellen Sie versandkostenfrei in unserem Online-Buchshop:
www.verlag.deutscher-verein.de